Hablando con máquinas: Cómo las computadoras procesan el lenguaje

---

Una introducción al Procesamiento de Lenguaje Natural

JUAN F. HUETE

HABLANDO CON MÁQUINAS: CÓMO LAS COMPUTADORAS PROCESAN EL LENGUAJE.

UNA INTRODUCCIÓN AL PROCESAMIENTO DE LENGUAJE NATURAL

GRANADA
2025

© JUAN F. HUETE GUADIX
© UNIVERSIDAD DE GRANADA
Campus Universitario de Cartuja
Colegio Máximo, s.n., 18071 Granada
Tlf.: 958 243 930 - 958 246 220
editorial.ugr.es

ISBN: 978-84-338-7637-9
Dep. legal: Gr./1463-2025

Edita: Editorial Universidad de Granada
        Campus Universitario de Cartuja. Granada
Diseño de cubierta: Tarma, estudio gráfico. Granada

Printed in Spain   *Impreso en España*

Contenido

Prólogo

Las personas suelen relacionar la informática y, sobre todo, la inteligencia artificial con las matemáticas. Es común que se imaginen el funcionamiento de un ordenador como una corriente continua de números, mayoritariamente de ceros y unos, canalizada por operaciones algebraicas indescifrables e incomprensibles para el común de los mortales. A decir verdad, la computación está dominada por las matemáticas, como herramienta de representación abstracta de la realidad que es, y que facilita el poder operar con ella y por tanto procesarla. Es por ello, que el título de una obra como la que aquí nos ocupa, incardinada en una colección sobre Tecnologías de la Información y de la Comunicación, que relacione los conceptos computadora y lenguaje, pueda sorprender o extrañar, dado que es inusual la relación entre el lenguaje y los ordenadores.

El avance de la inteligencia artificial ha reactivado la reflexión sobre qué es la inteligencia o el comportamiento inteligente. Adela Cortina en "¿Ética o ideología de la inteligencia artificial?" afirma que la inteligencia es la capacidad de resolver problemas con instrumentos. Esta sencilla y clara definición facilita la definición de inteligencia artificial, dado que según McCarthy esta es la ciencia y la ingeniería de hacer máquinas inteligentes, y por ende, con capacidad de resolver problemas con instrumentos. Actualmente, esos instrumentos son los datos, que mediante su adquisición, interpretación y procesamiento las máquinas pueden resolver problemas o alcanzar las metas para las que han sido diseñadas por humanos, según nos dice la definición que hoy concita más consenso del grupo de expertos en inteligencia artificial de la Comisión Europea.

Los datos pueden ser estructurados o no estructurados. Los ordenadores solo pueden trabajar con datos estructurados, es decir, con datos bajo una representación matemática computable. De esta forma los ordenadores pueden automatizar el procesamiento de datos, y de ahí que en español usemos el galicismo informática para referirnos a la ingeniería del procesamiento automático de información. Sin embargo, la inteligencia humana trabaja de forma innata con ambos tipos de datos, pero sobre todo con datos no estructurados. El dato no estructurado por antonomasia del ser humano es el lenguaje, herramienta sobre la que construye su relación, la comunicación y la consolidación de su saber a través de la escritura. Gracias al lenguaje, los humanos estructuramos los datos que adquirimos, porque es a través del lenguaje, de las palabras, como discretizamos, es decir, asignamos categorías a la variable continúa de nuestro conocimiento o, dicho de otro modo, de los datos no estructurados que atesoramos. De ahí el gran poder que tienen las palabras para determinar nuestra forma de entender e interpretar el mundo y a nosotros mismos, como afirma Mariano Sigman en "El Poder de las Palabras", e incluso para determinar nuestro pensamiento, como maravillosamente señala Orwell en 1984. Esta importancia de las palabras, y que sean el mecanismo eminentemente humano de representar su conocimiento y de articular su comportamiento inteligente, es lo que lleva a que, aún hoy, se considere el test de Turing como el método de evaluación del comportamiento inteligente de una máquina, dado que un humano considerará a una máquina inteligente cuando se pueda comunicar con ella sin percibir que es una máquina.

John von Neumann antes de morir, según señala Benjamín Labatut en Maniac, afirmó que para que una máquina pudiera comportarse como un ser humano primero debería crecer, no ser construida; segundo, dominar el lenguaje para leer, escribir y hablar; y, por último, tendría que jugar como un niño.

Podríamos decir que la ingeniería informática ha conseguido que las máquinas crezcan, en el sentido de que mejoren sus capacidades a través del entrenamiento de modelos de aprendizaje automático. Así mismo, también se ha conseguido que las máquinas jueguen como niños, siendo la prueba más notoria la capacidad de los ordenadores de ganar a jugadores humanos de ajedrez y de Go. Empero, aún queda un largo camino por recorrer para que pueda dominar el lenguaje, a pesar de la disrupción que han supuesto los modelos extensos de lenguaje a través de ChatGPT o Gemini. Siguen siendo retos aún la extracción de información, la compresión profunda del lenguaje hasta su nivel pragmático del discurso, la desambiguación contextual y el procesamiento de conocimiento implícito.

El procesamiento del lenguaje natural es el área de la inteligencia artificial responsable de estudiar los métodos computacionales para superar los retos mencionados, sobre todo alcanzar la meta de que los computadores dominen el lenguaje y, por tanto, desarrollen un comportamiento inteligente similar al de los humanos. El profesor Huete, en este libro titulado *Hablando con máquinas*: Cómo las computadoras procesan lenguaje", repasa de forma sencilla, clara y didáctica qué es el procesamiento del lenguaje natural, sus principales aplicaciones e incluso presenta los últimos avances relativos a los modelos extensos del lenguaje. El conocimiento de estos avances es esencial para comprender el estado actual de la inteligencia artificial, pero su comprensión solo es posible a través de la lectura de los capítulos que preceden a su descripción, dado que en ellos se detalla los métodos, ya clásicos, del procesamiento del lenguaje natural que han permitido llegar a este hito de generar de forma correcta lenguaje humano respondiendo a un objetivo planteado por un humano.

Eugenio Martínez Cámara
Vicepresidente de la Sociedad Española de Procesamiento de Lenguaje Natural

Prefacio

El título del libro, *Hablando con máquinas,* surge como analogía con el título de la película *"Bailando con lobos"* (Dances with Wolves, 1990), ganadora de 7 Oscar, entre ellos el de mejor película. En ella se cuenta la historia de John Dunbar, un teniente del ejército de la Unión que, tras acabar la guerra civil estadounidense, es destinado a un puesto fronterizo. A lo largo de la película, Dunbar establece un vínculo con el pueblo sioux, siendo su conexión con los lobos (como símbolo de la naturaleza) un elemento clave de su transformación.

Uno de los momentos más emblemáticos ocurre cuando John Dunbar empieza a interactuar con un lobo al que llama "Calcetines", debido a las marcas blancas en sus patas. A lo largo de la película, Dunbar gana la confianza del animal, que al principio se mantiene cauteloso pero gradualmente se acerca más, observándolo e incluso siguiéndolo a distancia. En una de las escenas más icónicas, Dunbar juega con el lobo en la pradera, moviéndose en círculo y simulando una danza, lo que simboliza su cada vez más profunda conexión.

En este libro, podemos ver a John Dunbar como representante del lenguaje humano y el lobo, esto es, la naturaleza, lo asociamos con el mundo de las máquinas (los programas). Mediante esta analogía pretendemos reflexionar sobre la relación entre las máquinas, en un sentido amplio de la palabra, y el lenguaje humano. Así como John Dunbar tuvo que aprender a comunicarse con "Calcetines" y con la tribu sioux a través de la observación, la paciencia y la adaptación mutua, las computadoras han seguido un camino similar para entender y procesar el lenguaje natural de los seres humanos.

En sus comienzos, la comunicación entre humanos y máquinas era rudimentaria y limitada a comandos específicos y estructuras rígidas, similares a las primeras interacciones entre Dunbar y el lobo, marcadas por la distancia y la incomprensión. Sin embargo, con el tiempo, los avances en inteligencia artificial, aprendizaje automático y procesamiento del lenguaje natural han permitido que esta brecha se reduzca significativamente. Hoy, las máquinas pueden no solo interpretar comandos, sino también comprender el contexto, generar respuestas coherentes e incluso adaptarse al estilo y tono de una conversación.

El momento en que Dunbar y "Calcetines" juegan juntos en la pradera representa un punto de inflexión en su relación, donde la confianza y el entendimiento mutuo ya no son forzados, sino naturales. De manera análoga, la comunicación con las máquinas ha llegado a un punto en el que las interacciones son fluidas y cada vez más intuitivas. Los asistentes virtuales, los modelos de lenguaje avanzados y los traductores automáticos son ejemplos de cómo este "baile" entre máquinas y humanos ha alcanzado un nivel de sofisticación impensable hace solo una década.

Sin embargo, la comunicación entre especies en *Bailando con lobos* no está exenta de malentendidos y peligros. De igual forma, la interacción entre máquinas y lenguaje humano aún se enfrenta a limitaciones en la interpretación de emociones, ironía o subjetividad, además del peligro que tiene la posibilidad de distorsionar la realidad mediante el uso de estas tecnologías.

Granada, Junio de 2025

Introducción

En los últimos años, especialmente desde la llegada de tecnologías capaces de generar lenguaje, como ChatGPT o Gemini, el Procesamiento del Lenguaje Natural, PLN, se ha puesto en el centro de la atención pública. Tanto usuarios como empresas e instituciones se han interesado cada vez más en entender cómo funcionan estas herramientas, tratando de analizar qué beneficios pueden ofrecer y qué riesgos o inconvenientes podrían surgir de su uso en distintos ámbitos de la vida cotidiana.

Actualmente, parece que las computadoras pueden comprender, analizar y generar lenguaje humano con una precisión nunca antes vista. Sin embargo, este impresionante avance no ha ocurrido de manera espontánea; detrás de todo ello se encuentran años de investigación en PLN.

Pero ¿qué es exactamente el PLN? El Procesamiento del Lenguaje Natural es un área de la inteligencia artificial (IA) que busca enseñar a las máquinas a entender, interpretar y generar lenguaje humano. Este campo nació hace varias décadas con ambiciones bastante modestas: en sus inicios, se trataba de resolver problemas como la búsqueda de palabras clave en textos o la traducción básica entre idiomas. Sin embargo, a medida que la tecnología ha avanzado, el PLN ha evolucionado para abordar tareas mucho más complejas, como la búsqueda de información (los motores de búsqueda utilizan PLN para interpretar nuestras consultas y devolver resultados cada vez más adecuados), traducción automática, análisis de sentimientos (por ejemplo, una empresa puede identificar automáticamente qué opinan los usuarios sobre un determinado producto a partir de las opiniones que se encuentran en comentarios o reseñas) o la generación de texto de forma coherente.

Los éxitos actuales son el resultado de la combinación de varios factores clave:

La **disponibilidad de grandes cantidades de datos**. Internet y otras fuentes de información digital han proporcionado el acceso a un volumen inmenso de datos textuales, que abarcan desde libros y artículos hasta comentarios en redes sociales. El análisis de estas fuentes permite extraer información valiosa que, al no estar en formatos tabulares tradicionales, previamente era difícil de acceder. Este tipo de datos es fundamental para múltiples aplicaciones, como comprender la experiencia de los usuarios con un producto o servicio público, y también para "aprender" cómo las personas se comunican en diferentes contextos.

El auge del **Aprendizaje Profundo** (*Deep Learning* en inglés). Este enfoque de la IA permite que las máquinas aprendan patrones complejos a partir de grandes cantidades de datos. A través de redes neuronales y arquitecturas como *Transformers*, modelos como BERT o GPT pueden identificar relaciones sutiles en el lenguaje, desde el significado de las palabras hasta el contexto de una conversación.

La **innovación tecnológica**. Los avances en capacidad de cómputo y el desarrollo de hardware de alto rendimiento específicamente diseñados para acelerar cálculos de modelos de aprendizaje han permitido que estas tecnologías evolucionen rápidamente.

¿Por qué es importante entender esto?

Aunque estas tecnologías pueden parecer casi mágicas, es esencial comprender cómo funcionan para usarlas de manera responsable y crítica. Las computadoras no "entienden" el lenguaje humano como lo hacemos las personas; en lugar de eso, identifican patrones estadísticos basados en datos. Esto significa que:

- Los modelos pueden ser increíblemente útiles, pero también cometer errores, especialmente en temas complejos o sensibles.

- Si los datos con los que se entrenan contienen sesgos, estos pueden reflejarse en las respuestas del modelo.

El interés por estas tecnologías va más allá de la curiosidad. Se trata de un momento crucial para decidir cómo integrarlas en nuestras vidas de manera que realmente mejoren procesos, como la educación, la atención al cliente o el acceso a la información, sin perder de vista los riesgos potenciales que su uso conlleva.

En resumen, hemos llegado a un punto donde las máquinas parecen hablar nuestro idioma con naturalidad, pero detrás de esa habilidad hay un vasto esfuerzo tecnológico, científico y humano que debemos entender para aprovecharlo al máximo.

Para tratar de proporcionar una visión integral del PLN en la era de la IA, a lo largo del documento se aborda el procesamiento y análisis del texto desde una perspectiva computacional, explorando su papel en el contexto de las Tecnologías de la Información y la Comunicación. Comenzamos analizando el texto, un documento digital, como fuente de información en el Capítulo 1. Posteriormente, el Capítulo 2 presenta las técnicas fundamentales de preprocesamiento necesarias para su tratamiento automático. A continuación, se introduce la representación vectorial del lenguaje, clave para que las computadoras puedan "comprender" el contenido textual. En el Capítulo 4 se explora una de las aplicaciones mas exitosas de PLN: los sistemas de búsqueda de información, tanto tradicionales como semánticos y colaborativos. En el siguiente capítulo nos centramos en cómo se puede extraer conocimiento de un conjunto de datos textuales, se profundiza en el análisis de textos, incluyendo tareas como la clasificación, el análisis de sentimientos, el agrupamiento documental y el modelado de temáticas. Finalmente, en el Capítulo 6 se presenta la generación automática de texto mediante modelos de lenguaje, desde enfoques basados en N-gramas hasta las arquitecturas más avanzadas como los modelos de lenguaje.

Quiero compartir la dificultad que he tenido al decidir cuánta profundidad darle a los distintos temas que se abordan en el libro. Por un lado, he intentado ser lo suficientemente general para que un lector sin conocimientos técnicos avanzados pueda seguir el contenido sin mayores complicaciones. Si como lector usted se ubica en este grupo, no se preocupe; lo importante es captar la idea esencial.

Por otro lado, también he incluido algunos detalles más técnicos en ciertos momentos, pensados para los lectores con más experiencia en la materia, para que puedan entender mejor los conceptos y fundamentos detrás de algunos enfoques. La idea es que todos, sin importar su nivel de conocimiento, puedan disfrutar y aprender del contenido, adaptándose a su propio ritmo. Esto ha provocado que a lo largo del texto se hayan utilizado tecnicismos, acrónimos y anglicismos, como por ejemplo en *blog, spam, Transformer, ChatGPT, token*. Esta elección responde a la dificultad, en muchos casos, de encontrar equivalentes precisos en castellano, siendo la forma original (habitualmente en inglés) la más utilizada en los contextos académico y técnico. Para facilitar su identificación, estos términos aparecerán en cursiva a lo largo del libro.

Capítulo 1

El texto como fuente de información

El lenguaje es la forma natural de comunicación del ser humano, y la escritura ha sido la herramienta fundamental para registrar y transmitir ideas de generación en generación. Su importancia es tal que su aparición, alrededor del año 3000 a.C., marca la transición de la prehistoria a la historia. Aunque en la actualidad existen múltiples formas de plasmar el conocimiento, como audios, videos e imágenes interactivas, el texto escrito sigue siendo el medio más común para transmitir ideas, pensamientos y conocimientos.

Gracias a la digitalización, la cantidad de información disponible ha crecido exponencialmente, abarcando desde documentos electrónicos y libros digitales hasta artículos científicos y publicaciones en línea. Podemos decir sin rubor que, hoy en día, gran parte del conocimiento humano está almacenado en formato digital. Pero no solo hablamos de conocimiento. En los últimos años, nuevas formas de comunicación digital, como blogs, redes sociales, foros o correos electrónicos, han cobrado gran relevancia. Una de sus características más importantes es que permiten una interacción inmediata, siendo accesibles a nivel global.

Como consecuencia de todo lo anterior, hoy en día tenemos a nuestro alcance y/o recibimos directamente (entiéndase en una computadora, tableta o teléfono) un elevado volumen de datos textuales, muchos mas de los que podemos leer y procesar de forma adecuada. Por tanto, disponer de herramientas que permitan un mejor acceso y análisis de los mismos, incluso cuando consideramos tareas cotidianas, es imprescindible. En este contexto, imaginemos un estudiante que tiene que realizar un estudio sobre el impacto de la obra Romancero Gitano en el Siglo XX. Para resolverlo, su primer trabajo es seleccionar un conjunto de documentos donde se encuentra la información que necesita, posiblemente con formato PDF. En otra situación distinta nos encontramos cuando una institución, como puede ser la Universidad de Granada, tiene como objetivo identificar todas las posibles duplicidades (completas o parciales) dentro de la extensa información alojada en la Web. Igualmente, una empresa como Amazon puede estar interesada en conocer la percepción de sus clientes sobre alguno de sus servicios, como por ejemplo podría ser el de entregas a domicilio. Para ello, una buena fuente de información puede ser las reseñas que los usuarios dejan en su Web (ver Figura 1.1).

En todos estos casos, realizar el trabajo de forma totalmente manual es inviable. Sería necesario analizar miles de libros, miles de páginas web o millones de reseñas. El tiempo necesario para procesar el volumen de información sería ingente, aun cuando el trabajo se realizase por un grupo de personas. Una posible estrategia sería limitar el análisis a un subconjunto de los datos, pero nos llevaría a obtener conclusiones parciales e inexactas.

En este contexto, el análisis automático de datos textuales ofrece ventajas significativas. Desde una perspectiva computacional, nos permitirá manejar grandes volúmenes de información de manera eficiente (en tiempo). Y como consecuencia, al considerar una cantidad mayor de datos, el análisis se vuelve más detallado, lo que contribuye a la obtención de resultados más precisos y generalizables.

Figura 1.1: Ejemplos de documentos digitales.

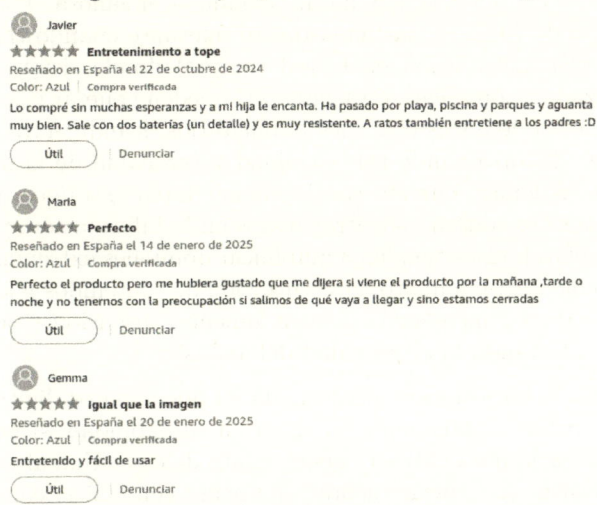

Para llevar a cabo este tipo de análisis de manera automatizada, es fundamental recurrir a herramientas de PLN. Estas herramientas deben ser capaces de analizar el texto contenido en los documentos, extrayendo información relevante. Sin embargo, este tipo de análisis debe hacerse de forma cuidadosa debido a la existencia de ruido en los datos. El ruido en los datos de texto puede manifestarse de diversas formas, afectando tanto la estructura sintáctica como el significado semántico de la información.

A nivel sintáctico, el ruido incluye errores ortográficos, palabras mal escritas, abreviaciones no estandarizadas, uso inconsistente de mayúsculas y minúsculas, duplicidades que pueden alterar la frecuencia real de los términos y afectar al análisis. Además, la presencia de caracteres especiales, emojis o formatos no estándar puede dificultar la correcta interpretación del contenido.

Por otro lado, a nivel semántico, el ruido se manifiesta en la presencia de información falsa, sesgada o engañosa. Este último tipo de ruido es particularmente relevante cuando trabajamos con información en la red (*online*) donde sistemas automatizados, como *bots* y *spammers*[1], pueden generar grandes volúmenes de datos con fines publicitarios, fraudulentos o maliciosos, distorsionando así la calidad y veracidad de la información. Además, cuando consideramos datos extraídos de redes sociales es común encontrar sesgos en la información, ya que estas plataformas tienden a amplificar opiniones extremas. Factores como el anonimato, la viralización de contenidos y los algoritmos de recomendación pueden fomentar discusiones polarizadas, afectando la objetividad del análisis.

Aunque la información almacenada en documentos digitales puede variar ampliamente en cuanto a su fiabilidad, sí podemos utilizarla para extraer conocimiento de esta. Una alternativa consiste en utilizar fuentes altamente confiables, como los repositorios institucionales, donde su contenido ha pasado por procesos de validación rigurosos. Esto no implica descartar contenido de redes sociales, ni mucho menos. Aun en el caso en que el contenido pudiese estar sujeto a manipulación, las conclusiones extraídas de su análisis pueden ser valiosas para estudiar el comportamiento social de la gente. Nos pueden permitir analizar tendencias de consumo, patrones de comunicación y la creación, así como la evolución de opiniones dentro de diferentes comunidades.

Para alcanzar dichos objetivos es necesario extraer el texto almacenado en un documento digital. Sin embargo, un documento digital no se compone únicamente de texto plano. Además del contenido textual, se incluye una serie de elementos adicionales que permiten estructurar y organizar la información de manera efectiva a la hora de presentarlos visualmen-

---

[1]Programas que envían mensajes no solicitados, repetitivos y generalmente masivos, con fines publicitarios, engañosos o maliciosos, a través de medios como correo electrónico, redes sociales o mensajería instantánea.

te en una pantalla. Entre estos elementos se pueden destacar aquellos que dan formato al texto (negritas, cursivas, colores, etc.), los que los organizan en tablas, puede contener imágenes y gráficos, así como enlaces para facilitar la navegación sobre el documento. Otros elementos importantes de un documento digital son los metadatos, como pueden ser la fecha de creación, el autor, las palabras clave o las revisiones del documento.

Por tanto, un documento digital es mucho más que su contenido textual, y normalmente no es fácil de interpretar (leer) directamente por un humano. Por ejemplo, en la Figura 1.2 se muestra el contenido "puro" de un PDF que contiene la obra `Romancero Gitano` y el código HTML que existe tras reseñas de Amazon de la Figura 1.1.

Una persona tendrá dificultades para analizar directamente dicho contenido, y lo mismo ocurre cuando queremos procesar de forma automática su contenido textual, es decir, lo que hay realmente escrito. Si consideramos el archivo tal cual nos viene dado, nos podemos encontrar que el término mas común de un documento en castellano fuese *span*, una etiqueta que se utiliza para permitir dar un estilo a un bloque de texto.

Por lo tanto, el paso previo para aplicar cualquier técnica de PLN consiste en eliminar todas las partes relacionadas con el formato que no aportan al análisis de su contenido. El objetivo es extraer exclusivamente la información esencial del texto, aquella que constituye la parte intrínseca del documento.

Así, en el caso de las reseñas de Amazon nos podríamos quedar con el siguiente texto, que denominaremos **texto plano**, el cual es tratable[2] por una computadora:

---

[2] Aunque el texto anterior es lo que nosotros vemos, esto es una secuencia de palabras escritas y que somos capaces de interpretar, quizás viene bien comprender que una máquina trabaja con una secuencia de bytes (ceros y unos), que utilizando el código ASCII (*American Standard Code for Information Interchange*) podríamos representarlos como 80 101 114 102 101 99 116 111 46 32 32 10 82 101 . . . donde el carácter 'P' tiene asociado el número 80, el 'e' el 101, el '.' que tiene asociado el

Figura 1.2: Formato de documentos digitales (arriba PDF, debajo HTML).

```
%PDF-1.5
%âãÏÕ
2 0 obj
<</Filter/FlateDecode/Length 606>>stream
HdTMk1ý+:fõZ²e!&
-ÏÜCv--,ý`/í¨¯dÊYr²ÐEOOÏEs¿ÄnY ÁrŸ0$ò¨òùfMô¶3M·y¶'{E¶É²?LE-nö}
Å02éÉò^û¨`ÐŸ'2{ÔÆ¨ù¡%-y¥ŠVp=É¹läšJP'Åµ5
¢%ô0ä0®ì+E5,û@À
i$e±z¬ÀUgÞhÉÐ²òdåÑ$€1zÜO;,æÞŸwT»-¨ºÅr,ýýÍ 7O±šÜ"ÑlhcsÉ³Éé-Cl6$Uú(Ž²À[Q>`Eåûy+;
¿çèb¡á
2fuiO=;¯d4MòlÀë*l$ÏäŠæ#©£µTlwO$[e]ë²¶
ONv#=ÇÑ<¹BYÇäŠ:ŠC Å/HírmX9µ%³Ž-· X èÙvÉñàÝ]Ôn,E%°NÉÚæHzúÆD
»E[ú:¥É XÉì}RS{$(ãPZ3Læ²©·AyE6ÜZ¹Ÿob`
cÇp ·OØÍ¹±ÿä®/úÞIÒ«Ç3Ö¢ìüê0QÄôi6E,¢W/Òò©956,w!¯ÿè?
ïš§änowÈ8_Ï°ûøóíîîPüäÏÒÞÏÙÍ-:a+íàá'|ÇR+_6
endstream
endobj
6 0 obj
<</Filter/FlateDecode/Length 257>>stream
x]Mn0OAŒ.FfhY €jŠXôG¥=@H
T(·o_©ÔE¢Í²ígvé®VØ»3¢G£ÔÔábV'¢©ß£ø['AÜoÇ¹Ô£ŠöwÛáQïœ9NééôuéCØ¯ÖþàÙCmÇÐæ
Üw>#°š:v2äßAôWñ¹Yä¬ØØÉ:®'Ï¢hŒn3Òò_ªNaßÜÂBhòŒÏÙÀeä²$>E>?_«Åñ}â'åÀ'â:qçïh°ÔÍ¡X
æèÑÙQo·ÆBÑû ~
endstream
endobi
```

```
···
<a><h5>
<span>Perfecto</span>
</a></h5>

<span data-hook="review-date" aria-level="6" class="a-size-base
a-color-secondary review-date" role="heading">Reseñado en España el 14 de
enero de 2025</span>
<div class="a-row a-spacing-mini review-data review-format-strip">
···
<div data-hook="review-collapsed" data-expanded="false" class="
a-expander-content reviewText review-text-content
a-expander-partial-collapse-content">

<span>Perfecto el producto pero me hubiera gustado que me dijera si viene
el producto por la mañana ,tarde o noche y no tenernos con la
preocupación si salimos de qué vaya a llegar y sino estamos cerradas<br />
</span>
```

> Perfecto.
> Reseñado en España el 14 de enero de 2025.
> Perfecto el producto pero me hubiera gustado que me dijera si viene el producto por la mañana ,tarde o noche y no tenernos con la preocupación si salimos de qué vaya a llegar y sino estamos cerradas

Aunque todo el proceso puede terminar aquí, hay situaciones en las que a este texto se le puede realizar algún tipo de transformaciones, que van desde las más simples, como transformar el texto a minúsculas, eliminar caracteres de puntuación y la corrección de errores ortográficos a otras más complejas que veremos a lo largo del libro. El tipo de transformaciones que se realicen depende en gran medida del problema que queramos resolver.

---

número 46 o incluso el espacio en blanco ' ', con el valor 32 o el salto de línea, con el valor 10.

Capítulo 2

Preprocesamiento de texto

En este punto, ya podemos entrar a analizar en más detalle los procesos que hay detrás de muchos de los modelos de PLN. En general, estos modelos toman como entrada un texto plano, esto es, una secuencia de caracteres que representa el contenido textual del documento (como vimos en el Capítulo 1).

Sin embargo, este texto puede sufrir distintas transformaciones antes de ser finalmente utilizado. Consideremos como entrada el siguiente párrafo:

> Así como J. Dunbar encontró en su relación con 'Calcetines' una nueva forma de ver el mundo, los desarrollos actuales ...

La primera de las transformaciones suele ser la encargada de dividir el texto de entrada en bloques, o *tokens* en inglés, por lo que al proceso se le suele llamar *tokenizar*. En el ámbito del PLN, *token* se refiere a una palabra, símbolo o unidad de texto que ha sido separada del resto para su análisis, mientras que *tokenización* es el proceso de dividir un texto en estos *tokens*. La materialización de lo que contiene un *token* dependerá de la aplicación concreta y puede ser un carácter, una palabra o partes de ella, una frase e incluso un párrafo.

Imaginemos que queremos extraer palabras. Pero, ¿qué es para una máquina una palabra del texto? Una primera aproximación será considerar todo aquello que está separado por espacios en blanco, pero esa definición pronto se ve que puede ser insuficiente. Siguiendo este criterio, el conjunto de palabras que tendríamos en nuestro texto de ejemplo sería:

[*Asi* | *como* | *J.* | *Dunbar* | ... | *'Calcetines'* | ... | *mundo,* | ...]

Bajo esta definición, secuencias de caracteres como «J.», «mundo,» o «'Calcetines'», incluyendo los signos de puntuación, serán considerados como palabras. Esta situación puede no ser adecuada para muchos de nuestros propósitos. Lo más común es definir *token* a cualquier elemento separado por espacios o signos de puntuación, con lo que tendríamos como resultado:

[*Asi* | *como* | *J* | *Dunbar* | ... | *Calcetines* | ... | *mundo* | ...]

Sin profundizar en los algoritmos específicos utilizados, es importante señalar que existen diversas estrategias para *tokenizar*, y la elección de una u otra depende del problema a resolver y del conjunto de datos analizado. Por ejemplo, en el procesamiento de datos extraídos de redes sociales, puede resultar útil considerar como *tokens* elementos como #NLP, que denota una etiqueta o tema específico, @JDunbar que menciona a una persona o incluso emojis como :-) (alegría) o >:((enfado) que pueden ser usados para representar emociones en un mensaje. En otros casos, un *token* puede ser una frase completa.

Una vez separado el texto en *tokens*, es posible analizarlo para extraer información relevante sobre el texto. Entre las tareas más comunes se encuentran la búsqueda o el cálculo de la similitud entre documentos. Sin embargo, trabajar con los *tokens* tal cual han sido extraídos puede que no sea lo mas conveniente.

Por ejemplo, consideremos los siguientes mensajes entrantes de una aplicación de correo electrónico, cuyo asunto contiene:

A   `Documentación para la sesión EXTRAORDINARIA del Comité De Empresa`

B   `La convocatoria extraordinaria del comite de empresa es mañana`

C   `Aplazamos la sesión de entrenamiento del equipo para el jueves`

Si queremos evaluar la similitud entre estos mensajes, una opción sencilla (aunque no necesariamente precisa) es contar, dos a dos, cuántos términos (*tokens*) comparten. Se entiende que cuantas más palabras comparten los mensajes, más similar debe ser su contenido. Esta idea se corresponde con el tamaño del conjunto intersección. Siguiendo este criterio, la intersección entre los mensajes A y C es

$$A \cap C = \{\texttt{la, sesión, de, del, para}\}$$

y la intersección de A y B es $A \cap B = \{\texttt{del}\}$, por lo que concluiríamos erróneamente que el mensaje A es más similar al C que al B.

Esto pasa porque, como hemos dicho, la computadora no entiende el significado de las palabras (*tokens*) que tenemos, por lo que `extraordinaria` $\neq$ `EXTRAORDINARIA` y `comision` $\neq$ `Comisión`. Para solucionar este problema, los *tokens* se suelen transformar a minúsculas y, en algunos casos, se eliminan las tildes que acentúan las palabras. A este proceso se le llama *normalización* y, si lo aplicamos a nuestros mensajes, los transformaremos en

A   `documentacion para la sesion extraordinaria del comite de empresa`

B   `la convocatoria extraordinaria del comite de empresa es mañana`

C   `aplazamos la sesion de entrenamiento del equipo para el jueves` y como consecuencia

$A \cap B = \{$la, extraordinaria, del, comite, de, empresa$\} >$
$A \cap C = \{$la, sesion, de, del, para$\}$, más cercano a lo que
puede parecer razonable, aunque desde el punto de vista de un
humano el elevado grado de similitud entre A y C no nos pare-
cería razonable. En gran medida, el emparejamiento se debe a
la presencia de términos funcionales que, aunque por sí mismos
no tienen significado propio, son necesarios para construir una
frase gramaticalmente correcta.

Este hecho nos lleva a la siguiente fase del procesamiento
del lenguaje natural: la eliminación de palabras funcionales,
también conocidas como palabras vacías (*stopwords* en inglés)
por carecer de significado propio. Estas palabras aparecen con
gran frecuencia en un idioma. No es una característica propia del español, sino que es algo que se satisface en todos los
idiomas[1]. A modo ilustrativo, si consideramos el prefacio del
libro, las ocho palabras más comunes—la, de, y, con, el,
en, a, que—pueden representar aproximadamente el 50 % de
todas las ocurrencias.

Al eliminarlas, reducimos considerablemente el número de
términos sin afectar de manera sustancial la semántica de los
documentos y, como consecuencia, mejoramos la precisión en
la comparación de textos al considerar únicamente las palabras
con mayor carga significativa. Aplicando este filtro a nuestro
ejemplo, los mensajes quedarían de la siguiente manera:

A   documentacion sesion extraordinaria comite
    empresa
B   convocatoria extraordinaria comite empresa
    mañana
C   aplazamos sesion entrenamiento equipo
    jueves

---

[1]La distribución de las palabras en un idioma se dice que sigue una
cola larga, esto es, existen un conjunto muy pequeño de palabras que se
utilizan muy frecuentemente, mientras que encontramos un gran número
de palabras que son utilizadas con muy poca frecuencia.

Ahora, $A \cap B = \{\texttt{extraordinaria,comite,empresa}\}$, mientras que $A \cap C = \{\texttt{sesion}\}$, alcanzando una mayor precisión a la hora de evaluar la similitud entre los textos.

Una vez que nos hemos quedado con las palabras con significado, podemos responder a preguntas como ¿de qué trata un documento? Con este objetivo en mente, podemos pensar que ya no solo la ocurrencia o no de una palabra, sino la frecuencia con la que dicha palabra aparece en un documento nos ayudará a identificar su temática. Por ejemplo, es de esperar que en un documento relacionado con PLN, términos como `token`, `palabras`, `modelo` o `lenguaje` aparezcan con mayor frecuencia que otros no relacionados como `historia`, `biología` o `arquitectura`. Ahora bien, consideremos el siguiente fragmento de texto:

> 'El modelo de lenguaje basado en redes
> neuronales permite modelar textos complejos
> con mayor precisión. Los modelos entrenados
> con grandes volúmenes de datos ... es un
> submodelo de ... una modelización ... está
> modelado ... modelará ... y modelados según
> el estilo deseado.'

En este caso, aunque la palabra `modelo` y sus variantes `modelar`, `modelos`, `modelización`,... aparecen una única vez, aunque en diferentes formas, es evidente que el concepto abstracto MODELO es clave en el texto. Sin embargo, debido a las variaciones morfológicas, la frecuencia de cada término se dispersa, dificultando su análisis.

Una solución para agrupar estas ocurrencias consiste en transformar las distintas derivaciones de una palabra en una forma canónica o raíz, como podría ser `modelo`.

En PLN, existen dos enfoques principales para llevar a cabo este proceso: eliminación de afijos y lematización.

- Derivación o Eliminación de afijos (en inglés *stemming*) es un proceso que reduce las palabras a su raíz morfológica mediante un conjunto de reglas diseñadas para eliminar género, plurales y sufijos característicos del idioma. Este método no garantiza la obtención de palabras válidas en el idioma, sino que busca una forma base común que se obtiene como resultado de aplicar de forma mecánica las reglas existentes. Existen varios algoritmos para realizar la eliminación de afijos, entre los que podemos destacar los algoritmos de Porter, Lovins y Snowball[2]. Por ejemplo, si consideramos Snowball en castellano podemos encontrar reglas para la eliminación de plurales y género [`perro, perros, perra, perras ->perr; casa, casas ->cas`], la eliminación de sufijos verbales [`comiendo ->com; convocamos ->convoc`], la eliminación de sufijos nominales [`rapidamente ->rapid; tolerancia ->toler`] o eliminación de aumentativos y diminutivos [`casita ->casit; grandote ->grandot`], entre otras.

  Como ventajas de su uso encontramos la reducción del vocabulario lo que facilita el análisis del texto, suelen ser rápidos de aplicar y facilitan la búsqueda de documentos relacionados incluso si se usaron diferentes formas de la misma palabra. Como desventajas tenemos que al aplicarse de forma ciega a todos los términos los *tokens* resultantes no siempre son palabras del idioma e incluso puede agrupar palabras que no son equivalentes, como en los ejemplos anteriores casaremos (del verbo casar) con casa (vivienda).

- La Lematización es un proceso que busca obtener la forma base de una palabra, su lema, considerando su significado y categoría gramatical. Para ello tiene en cuenta tanto la propia palabra como su contexto dentro de

---

[2]Christopher D. Manning, Prabhakar Raghavan, and Hinrich Schütze, 'Introduction to Information Retrieval'. Cambridge University Press, 2008

una frase permitiendo distinguir entre ocurrencias distintas de una misma palabra. Para lograrlo, utilizan, por un lado, un diccionario que relaciona los lemas con sus distintas flexiones y, por otro lado, realizan un análisis lingüístico para determinar la categoría gramatical de la palabra (sustantivo, adjetivo, verbo, adverbio, determinante, etc.).

En base a ello, para la palabra `casita` en la frase *La casita es blanca*, el lematizador diría que su lema es `casa` por tratarse de un diminutivo de un sustantivo femenino en singular, y la frase se transforma a *La casa es blanca*. De manera similar, las formas verbales se transforman en su infinitivo como en [`casar, casaremos, casarán ->casar; ir, voy, vamos, yendo, ido ->ir`]. Además, el lematizador nos podrá ayudar a resolver situaciones de homonimia[3] como es el caso de `canto` en estas dos sentencias: *'Por la mañana canto en la ducha'* y *'Escucho el canto de los pájaros'*. En el primero de ellos un lematizador diría que su lema es el verbo cantar mientras que el segundo lo asociaría al sustantivo canto.

Entre las ventajas de la lematización destacan su mayor precisión y la capacidad de reconocer palabras relacionadas semánticamente, lo que mejora tareas como la búsqueda de información o el procesamiento de lenguaje natural. No obstante, este método es más lento y complejo que el *stemming*, ya que requiere un análisis sintáctico detallado para determinar correctamente el lema de cada palabra en función de su contexto.

---

[3]La homonimia es un fenómeno lingüístico en el que dos o más palabras tienen la misma forma (se escriben o pronuncian igual) pero poseen significados diferentes.

Tokenizando en partes de palabras

Hemos visto cómo podemos dividir el texto en *tokens*, donde estos pueden ser caracteres, palabras o las raíces de las palabras. Sin embargo, existe otro enfoque de *tokenización* ampliamente utilizada por los grandes modelos de lenguaje (los veremos en el Capítulo 6) donde las palabras son descompuestas en trozos, permitiendo una granularidad que puede ir desde caracteres a palabras completas. En este caso, los *tokens* son ahora partes de las palabras. Una característica de esta *tokenización* es que no se realiza en tiempo real, sino que debe aprenderse previamente a partir de un conjunto de documentos suficientemente grande. Una vez aprendido el conjunto de *tokens* se podrá utilizar para codificar cualquier documento.

Entre los métodos utilizados podemos destacar a *Byte Pair Encoding*[4] (BPE), utilizado por ChatGPT. Este método permite construir un vocabulario compacto y eficiente, optimizando la representación del lenguaje para modelos de aprendizaje profundo. BPE presenta dos ventajas importantes: la primera, que podemos indicar de antemano el número máximo de *tokens* a extraer y, la segunda, que es capaz de trabajar con palabras que no están en el vocabulario, al descomponerlas en unidades mas pequeñas.

La idea es que ante una entrada como:

```
estamos comiendo patatas en el parque
```

El proceso de *tokenización* podría producir diferentes segmentaciones, como:

```
estamos comien do patat as en el parque
```

o bien:

```
estamos com iendo patatas en el par que
```

---

[4]Rico Sennrich, Barry Haddow y Alexandra Birch. *Neural machine translation of rare words with subword units*, en *Proceedings of the 54th Annual Meeting of the Association for Computational Linguistics*, 2016.

La segmentación final dependerá de la frecuencia de las palabras en el conjunto de documentos, el corpus documental. En el caso primero, `parque` se mantiene como un único *token* porque debe ser bastante frecuente el conjunto de entrenamiento, mientras que en el segundo se descompone porque su frecuencia es menor. De manera análoga, si el conjunto de entrenamiento tuviese muchos verbos en gerundio, podría identificar la terminación `iendo` que se asociaría a acciones que están ocurriendo en el momento. Por tanto, en lugar de tratar `comiendo` como un solo *token*, BPE podría dividirlo en `com` + `iendo`, permitiendo reutilizar los fragmentos en otros términos como `corr`+`iendo` o `com`+`er`.

Pero, ¿cómo funciona? Se parte de un conjunto inicial de *tokens*, como pueden ser los caracteres individuales del idioma, {a b c ...}, aunque pueden considerarse también los signos de puntuación como *tokens*. Se *tokeniza* el texto con este conjunto de *tokens* (por ejemplo, c o m i e n d o). Entonces, iterativamente se busca el par de *tokens* consecutivos mas frecuentes en la colección de entrenamiento y se fusionan en un nuevo *token* que se añade al conjunto (imaginemos que en el corpus, `do` es dicho par, por lo que el conjunto de *tokens* en este momento pasa a ser {a b c d ... o ... z do}, esto es, se añade como *token* a `do`. Si utilizásemos este conjunto para *tokenizar* un nuevo texto que contuviese la palabra `comiendo` el resultado se *tokenizará* como c o m i e n do. Este proceso, esto es, la fusión de los *tokens* consecutivos más comunes, se repite hasta alcanzar un tamaño de vocabulario predefinido que puede llegar a ser de hasta varias decenas de miles.

Otra alternativa para realizar este proceso es *WordPiece*[5], utilizado en modelos de lenguaje como BERT para construir su vocabulario. Aunque su funcionamiento es parecido a BPE, tiene como diferencia principal el cambio en el criterio median-

---

[5]Mike Schuster y Kaisuke Nakajima. *Japanese and korean voice search* en 2012 *IEEE International Conference on Acoustics, Speech and Signal Processing (ICASSP)*.

te el cual se seleccionan los *tokens* a fusionar en cada iteración. Así, mientras BPE fusiona los *tokens* mas frecuentes, *Word-Piece* busca maximizar la probabilidad de que nuestro corpus pudiese ser generado por el conjunto de tokens obtenido tras la fusión. Como ventaja, nos permite obtener unidades mas coherentes lingüísticamente, aunque es más lento que BPE.

Para finalizar el capítulo, podemos concluir que el texto de entrada de un documento sufre un conjunto de modificaciones antes de pasar a ser consumido por cualquier algoritmo o modelo y que, tras aplicar el preprocesamiento de texto, se obtienen mejoras significativas en los resultados.

Hemos descrito las distintas transformaciones en el orden concreto en el que se suelen utilizar, pero no siempre tiene que ser el aquí indicado ni todas ellas son siempre necesarias. La inclusión de una u otra depende en gran medida del problema que tratemos de resolver. Por ejemplo, si nuestro propósito es identificar el autor de un texto, considerar cómo dicho autor utiliza los signos de puntuación puede ser de utilidad en la tarea, por lo que no deberíamos eliminarlos en la fase de *tokenización*. Del mismo modo, y para este problema, no todos los autores utilizan las palabras vacías de igual forma, por lo que tampoco sería conveniente eliminarlas ni convertirlas a su forma canónica. En el caso de que el problema requiera extraer nombres propios o de entidades no conviene transformar a minúscula. Sin embargo, si nuestro objetivo es hacer un clasificador de noticias por temáticas, realizar un preprocesamiento completo suele ayudar a obtener mejores resultados.

Esta elección sobre qué utilizar no sólo depende del problema, sino también del tipo de modelo que vayamos a utilizar en fases posteriores. Así, por ejemplo, los métodos de clasificación clásicos, que se benefician de una correcta selección del conjunto de características, suelen requerir un preproceso mayor frente a los algoritmos que utilizan grandes modelos de lenguaje o LLMs (por sus siglas en inglés, *Large Language Models*) ya que estos últimos están diseñados para capturar patrones en grandes volúmenes de datos. El utilizar unos modelos u otros dependerá de la cantidad de datos que dispongamos. Una empresa pequeña no suele disponer de un conjunto de datos lo suficientemente elevado como para que el uso de técnicas de aprendizaje profundo sea viable.

¿Qué caos, no? No lo es tanto; entre el conjunto de alternativas que se presentan, usualmente la mejor opción suele ser probar y ver qué pasa. Pero no nos estresemos, las bibliotecas que trabajan con lenguaje natural permiten hacerlo de forma cómoda.

Capítulo 3

Cómo 'comprende' una computadora: Vectores para representar el texto

Una vez completada la fase de preprocesamiento textual, la secuencia ordenada de *tokens* obtenida sirve como entrada para los distintos procesos. Hasta ahora, nos hemos centrado en normalizar el texto, posiblemente quedándonos con la raíz. Sin embargo, los modelos no suelen trabajar directamente sobre esta representación secuencial, un *token* tras otro. Dependiendo del problema a resolver, pueden requerirse cálculos adicionales que permitan facilitar dicha tarea.

Por ejemplo, imaginemos que estamos interesados en identificar novelas sobre `espías en Munich`. En este caso, nos resultaría relevante una novela en cuya introducción se describa al personaje y su vida en la ciudad de Munich, mientras que su labor de espionaje se desarrolle progresivamente en capítulos posteriores. Nuestra búsqueda podría enfocarse en detectar la presencia de las palabras clave dentro del documento, posiblemente junto a la frecuencia de aparición. No es necesario que la secuencia exacta `espías en Múnich` aparezca de manera literal en el texto. Para este tipo de situaciones, suele ser útil emplear una representación más compacta del contenido del documento.

Otro caso distinto tenemos cuando el objetivo es predecir la palabra más adecuada para completar una oración. Por ejemplo, para completar la frase `El niño juega con la pelota en el ....`, es lógico suponer que términos como `parque` o `recreo` sean opciones razonables, ya que es probable encontrarlas en contextos similares (aquí el contexto es el conjunto de palabras que la preceden). En cambio, palabras como `comprar` (un verbo) o `amarillo` (un adjetivo) resultan poco apropiadas. En este tipo de tareas, tener en cuenta el orden en el que aparecen las palabras en un texto, junto con la frecuencia en la que aparecen, es un factor clave.

Para dar respuesta a estas tareas, los datos de tipo textual se suelen representar en otro formato que sí será fácilmente procesable por una computadora. En este capítulo, nos centraremos en dos representaciones distintas, una para los documentos y otra para los términos. Estas representaciones se suelen utilizar como entrada para los distintos algoritmos de PLN.

3.1 Representación vectorial de un documento

Cuando no estamos interesados en la posición en la que aparecen los términos dentro del documento se suele asumir el modelo de **bolsa de palabras** (*Bag of Words* en inglés). En este caso, el documento se ve como un conjunto no ordenado de palabras (o *tokens* en general). Normalmente, a cada palabra se le asocia un peso positivo que refleja su importancia dentro del documento. La Figura 3.1 ilustra esta idea donde, en la izquierda se presenta parte de una reseña de un libro (en gris aparecen las palabras vacías) y en la derecha se ilustra la bolsa de palabras donde el tamaño de la letra está asociado con la importancia (frecuencia) de la palabra en el documento.

Figura 3.1: Bolsa de Palabras.

novela de espías, el relato real de la operación que siguió a los atentados de las olimpiadas de munich no se puede dejar de leer. La película munich se basa en este relato, pero omite cosas que la novela cuenta ...

Una alternativa para representar en la computadora una bolsa de palabras es un vector con tantas dimensiones como palabras únicas se encuentren en el vocabulario del corpus analizado, $\mathcal{V}$. Llegados a este punto, es necesario indicar que normalmente el tamaño del vocabulario suele ser muy grande, del orden de cientos de miles de palabras[1], por lo que el número de dimensiones del vector también lo es. Como es lógico, no todas las palabras del vocabulario se encuentran en un documento, sólo un subconjunto pequeño de ellas. Así, a aquellas palabras del vocabulario que no se encuentren en el texto se les asocia un peso cero, y para el resto se les asocia un peso positivo, que va desde un valor binario, cero/uno para indicar la simple ausencia/presencia del término, hasta lo que podría ser la frecuencia de aparición de la misma en el documento. Con esta representación, se transforma un documento en una estructura numérica que las computadoras pueden procesar eficientemente, esto es, una secuencia de números.

Siguiendo con nuestro ejemplo, la Tabla 3.1 representaría el vector asociado a esta reseña, las columnas representan sus dimensiones (cada columna corresponde a un término del vo-

---

[1] La 23.ª edición del diccionario de la Real Academia Española cuenta con unas 93.000 entradas (lemas) y 200.000 acepciones distintas. https://dle.rae.es/

cabulario) y los pesos indican la frecuencia del término en la reseña.

Tabla 3.1: Representación vectorial de la reseña de la Figura 3.1

	:	amor	atentados	carrera	cuenta	de	espías	fuego	judío	la	munich	novela	olimpiadas	película	que	relato	:
A	...	0	1	0	1	5	1	0	0	2	2	2	1	1	5	2	...

Sin embargo, no todas las palabras tienen la misma importancia dentro de un texto. De algunas, como el o de, ya hemos hablado en el capítulo anterior al identificarlas como palabras vacías. Una de sus características es que aparecen en la mayoría de los documentos de una colección y, por tanto, no aportan significado relevante para diferenciar entre unos y otros. Pero esta propiedad no solo se restringe a las palabras vacías, sino que puede incluir a otras palabras que pueden ser muy comunes en una determinada colección de documentos. Por ejemplo, en el caso de reseñas de libros, las palabras novela o relato pueden aparecer en muchas reseñas, por lo que no ayudan a discriminar entre unas y otras. Por otro lado, encontramos términos como espías o munich que serán mas distintivos y nos permitirán diferenciar las reseñas que los contienen del resto. Por lo tanto, necesitaríamos de un mecanismo para asignar un mayor peso a estos últimos, términos más específicos, frente a los primeros, más generales.

Este mecanismo nos lo proporciona la frecuencia documental inversa, con acrónimo IDF del inglés *Inverse Document Frequency*. La frecuencia documental de un término, N_t, hace referencia al número de documentos que contiene un determinado término. Por ejemplo, para el término espías será 10 si este aparece en 10 reseñas distintas, independientemente de que el término se repita mas de una vez en alguna de ellas. Para calcular el valor de IDF de un término tenemos que considerar la relación entre el número de documentos totales de nuestra colección, M, con su frecuencia documental N_t. En concreto, se calcula como

$$IDF(t) = \log(M/N_t),$$

que en resumen lo que hace es asignar un valor menor cuanto mayor sea el número de documentos en los que aparece el término. Así, si la colección tiene 1000 reseñas y los términos de, novela, espías y munich aparecen, respectivamente, en 1000, 700, 10 y 1 reseñas distintas, los valores de IDF que se obtendrían son: IDF(de) = 0, IDF(novela) = 0.51 y IDF(espías) = 6.64 y IDF(munich) = 9.97, respectivamente.

Por tanto, hemos visto que a la hora de dar importancia a los términos de un documento hay dos factores clave: por un lado, la frecuencia del término en el documento, TF, que mide cuántas veces aparece una palabra en el mismo, y por otro, la frecuencia documental inversa, IDF, que reduce la importancia de términos comunes en la colección. Estos dos factores suelen trabajar conjuntamente a la hora de calcular la importancia de un término en el documento, esto es, su peso, dando lugar a lo que se conoce como pesado TF-IDF que se obtiene al realizar el producto de ambas. En la Tabla 3.2 se representan los pesos que se han obtenido para la reseña anterior considerando TF-IDF como criterio para medir la importancia del término. En este sentido se ven como los términos más significativos serán atentados, espías, munich y olimpiadas, que coincidirán con los que la mayoría de los lectores puedan pensar, pero se han obtenido de una forma mecánica.

29

Tabla 3.2: Representación vectorial de la reseña utilizando TF-IDF

	:	amor	atentados	carrera	cuenta	de	espías	fuego	judío	la	munich	novela	olimpiadas	:
A	...	0	7.4	0	0.48	0	6.64	0	0	0	19.94	1.02	7.15	...

Hemos visto tres tipos de formas para calcular el peso de un término en un documento: Binario, TF, TF-IDF[2]. El tipo concreto de ponderación que se utilice depende en gran medida del problema específico que estemos tratando de resolver. En algunos casos, un enfoque binario (presente/ausente) puede ser suficiente, por ejemplo, en sistemas simples de categorización de texto como la búsqueda en correos electrónicos. En otros, puede ser más útil trabajar solo con la frecuencia del término (TF) para medir su relevancia dentro de un documento. Sin embargo, en muchas aplicaciones más avanzadas, como la búsqueda de información o el análisis de textos extensos, la combinación TF-IDF resulta más efectiva, ya que permite equilibrar la frecuencia de un término en un documento con su importancia dentro de toda la colección.

Más allá de su aplicación en algoritmos de PLN, comprender cómo se mide la importancia de los términos es clave desde una perspectiva práctica para cuando creamos contenido. La elección de los términos que se usan al redactar documentos, artículos o páginas web no solo influye en su calidad, sino que también afecta a su visibilidad y la posibilidad de ser recuperados por los motores de búsqueda. Esto es especialmente relevante cuando el objetivo es mejorar la posición que ocupa

---

[2]En la literatura podremos encontrar otras opciones y múltiples variantes para medir de la forma mas precisa la importancia del término.

una página web en los resultados de búsqueda, tarea clave dentro del posicionamiento web (*Search Engine Optimizer, SEO*).

Una estrategia común en SEO consiste en analizar los valores de TF-IDF para seleccionar los términos o palabras clave que utilizan al describir el contenido de una página. El reto es encontrar un equilibrio entre términos comunes, que ayudan a situar el contenido en un tema general, y términos más específicos y distintivos, que lo diferencien del resto de páginas. Aplicar estos principios facilita que los buscadores comprendan mejor el contenido y lo asocien con temas concretos, mejorando así su posicionamiento y alcance frente a la competencia.

3.2 Identificación de documentos similares: Comparación entre vectores

El uso de medidas de similitud entre documentos es fundamental para abordar distintos problemas de PLN, como la clasificación automática o la agrupación de textos dentro de grandes colecciones. Pensemos en Amazon como colección documental. En ella, podemos encontrar decenas de millones de reseñas de productos hechas por los usuarios donde, además, constantemente se incorporan nuevas reseñas.

Hemos visto cómo un documento, una reseña, puede representarse mediante un vector con distintos pesos asociados a sus términos. Cuando tenemos un conjunto de reseñas, podemos agruparlas en una estructura matricial, donde cada fila representa el vector asociado a una reseña y cada columna representa un término, como se puede ver en la Tabla 3.3. A esta estructura se la denomina matriz documento-término.

Cuando el conjunto de documentos es grande (millones de reseñas) y el conjunto de términos también lo es (cientos de miles de términos), puede resultar complicado extraer conclusiones para un humano. Las relaciones entre reseñas (documentos) no son evidentes a simple vista. Para identificar estos

Tabla 3.3: Matriz documento-término. Representación vectorial de un conjunto de documentos.

	amor	atentados	carrera	cuenta	de	espías	fuego	judío	la	munich	novela	olimpiadas	película	que	relato
A	0	1	0	1	2	1	0	0	2	2	2	1	1	5	2
B	0	0	1	1	3	0	0	2	3	0	1	2	1	7	0
C	50	0	0	0	10	0	0	0	0	0	0	0	0	10	0
D	6	0	0	0	2	1	0	0	2	3	2	0	0	4	1
...							...								

vínculos, primero debemos preguntarnos en qué circunstancias podemos considerar que dos reseñas están relacionadas.

En un principio, puede parecer lógico asumir que dos reseñas estarán relacionadas cuando abordan los mismos temas. Si ese es el caso, podemos esperar que presenten un contenido similar, esto es, usen un vocabulario parecido. Por ejemplo, en las reseñas de coches podemos esperar que se usen términos como `coche`, `motor`, `velocidad`, `potencia`, `gasolina`, ... y no contengan términos como `novela`, `autor`, `páginas` que sí pueden aparecer en reseñas de libros. Para capturar esta idea, nos podemos aprovechar de la representación vectorial que acabamos de ver para poder identificar vectores semejantes.

En la literatura podremos encontrar distintas alternativas para medir la similitud entre vectores, siendo la medida coseno una de las medidas más utilizadas dentro del campo del PLN. Esta medida está basada en el producto escalar de dos vectores. Conceptualmente, cuando los documentos no comparten términos, su similitud será nula, cero, ya que no se parecen en nada. Pero, por otro lado, cuanto mayor sea el número de términos que comparten, y mas representativos sean estos términos dentro de los documentos, mayor es el valor de similitud.

Formalmente, el producto escalar se define como la suma de los productos de cada una de las componentes de los vectores. Para aclararlo, consideremos el siguiente ejemplo en el que el vocabulario $\mathcal{V}$ está formado exclusivamente por los términos representados en la Tabla 3.3. En este caso, el producto escalar de los vectores asociados a la reseña A y B es:

$$
\begin{aligned}
A \cdot B &= \sum_{i \in \mathcal{V}} A[i] \times B[i] \\
&= A[1] \times B[1] + A[2] \times B[2] + \ldots + A[N] \times B[N] \\
&= 0 \times 0 + 1 \times 0 + 0 \times 1 + 1 \times 1 + 2 \times 3 + \ldots + 5 \times 7 + 2 \times 0 \\
&= 53
\end{aligned}
$$

donde $A[1]$ hace referencia al peso de la palabra amor en la primera reseña, $A[2]$ es el peso de la palabra atentados, etc. El producto escalar actúa como similitud ya que tiende a asignar valores mayores cuando los dos vectores tienen valores altos en la misma dimensión. De igual forma, cuando en un vector se encuentra un valor cero en alguna dimensión no incrementará la similitud, reflejando la desigualdad en contenido.

Un problema que surge si aplicamos directamente el producto escalar está relacionado con la longitud de los vectores, lo que a su vez está vinculado a la longitud de los documentos. Esto es especialmente relevante cuando los textos tienen longitudes muy diferentes.

Un ejemplo donde esto puede ocurrir es cuando queremos comparar entre reseñas (que suelen tener poca longitud, pocos cientos de palabras) y libros (miles de ellas). Dado que en documentos más extensos la frecuencia de aparición de los términos suele ser mayor—muchas veces simplemente porque incluyen más palabras para expresar una misma idea—el uso exclusivo del producto escalar genera un sesgo: los textos largos tenderán a parecer más similares entre sí, ya que sus valores de similitud serán más altos, incluso si en realidad no guardan una relación estrecha.

Por ejemplo, el producto escalar $B \cdot C = 3 \times 10 + 7 \times 10 = 100$, que es mucho mayor que $A \cdot B$.

Este problema se resuelve fácilmente normalizando los pesos de los vectores, ajustándolos en función de su longitud. Esto permite hacer comparaciones más equitativas, reduciendo el impacto de la diferencia de extensión entre los textos. Para lograrlo, basta con dividir cada peso por la longitud del respectivo vector. El valor resultante de esta operación equivale al coseno del ángulo entre los dos vectores, razón por la cual esta métrica de similitud es conocida como **medida coseno**[3]

Lo interesante es que esta medida, al estar normalizada, toma valores entre cero y uno, alcanzando el máximo cuando los dos vectores son el mismo y cero cuando no tienen ningún término en común. En el ejemplo, $coseno(A, B) = 0.843$, lo que significa que la similitud entre A y B sigue siendo alta y $coseno(B, C) = 0.217$, mucho menor y mas cercana a lo que se puede esperar.

El uso de la medida coseno nos permitirá un mejor acceso y organización de grandes volúmenes de texto. Como ejemplo ilustrativo, en la parte izquierda de la Figura 3.2 se muestra una representación visual de la matriz documento-término para un conjunto de 50 reseñas. En esta imagen, cada fila representa una reseña y cada columna un término. Los puntos blancos indican que ese término no aparece en la reseña, mientras que los tonos de gris reflejan su importancia dentro del texto, basada en alguna métrica como la frecuencia o el peso TF-IDF. Cuanto más oscuro, mayor es su relevancia. En la parte derecha de la figura se muestran el mismo conjunto de documentos, pero

---

[3]Formalmente, la medida coseno se computa como:

$$coseno(A, B) = \frac{A \cdot B}{\sqrt{A \cdot A}\sqrt{B \cdot B}} = \frac{\sum_{i \in \mathcal{V}} A[i] \times B[i]}{\sqrt{\sum_{i \in \mathcal{V}} A[i]^2}\sqrt{\sum_{i \in \mathcal{V}} B[i]^2}}$$

agrupados por similitud, calculada con la medida del coseno. Este agrupamiento permite identificar patrones temáticos comunes entre reseñas y visualizar estructuras subyacentes en el conjunto de datos.

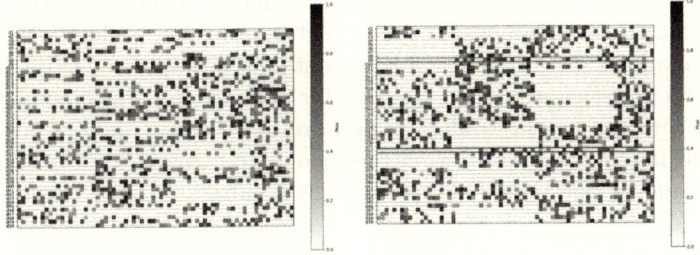

Figura 3.2: Agrupación de reseñas en base a la similitud del coseno. Cada línea representa un vector documento mostrando para cada término, mediante la intensidad de gris, la importancia del término en el mismo.

3.3 Representación vectorial de un término

Hemos visto cómo para comprender el contenido de un documento es necesario transformarlo a su representación vectorial. Algo parecido ocurre si queremos comprender el significado o la semántica de un término. Cuando sabemos el significado de una palabra podemos encontrar términos similares e incluso entender una frase en función de las palabras que la componen. Por tanto, en el PLN, conocer la semántica de las palabras se convierte en algo esencial si queremos entender textos, poder responder a preguntas y, en definitiva, mejorar la interacción entre humanos y computadoras.

Pero, ¿cómo construimos esa semántica? Para responder a esta pregunta, pensemos primero en cómo un niño, al observar un objeto, como un *perro*, percibe su forma, tamaño, color, pelaje, ladrido, etc. Todas estas características forman una huella mental del concepto mucho antes de que el niño aprenda a escribir la palabra `perro`. Este concepto, PERRO, se asociará al conjunto de estas características.

Con cierto paralelismo con la representación vectorial de un documento, podemos imaginar cada una de estas características como una dimensión de un vector. Además, podemos dar un valor a cada dimensión representando la importancia de la característica a la hora de describir el concepto. Por ejemplo, si consultamos la Tabla 3.4, podríamos describir un perro como un ser vivo, con forma relativamente ovalada, de tamaño pequeño, que tiene pelo, patas, ojos y ladra.

Tabla 3.4: Representación vectorial de distintos conceptos

	vivo	ovalado	grande	pelo	negro	marrón	patas	ruedas	ladra	maulla	metal	ventana	ojos	faros
perro	1	0.7	0.3	1	0	0.5	1	0	1	0	0	0	1	0
coche	0.	0.8	0.9	0	0.6	0.2	0	1	0	0	1	1	0	1
gato	1	0.8	0.1	1	0.3	0.6	1	0	0	1	0	0	1	0
bici	0	0.2	0.5	0	0.3	0.3	0	1	0	0	1	0	0	1

Cada vez que el niño vea un perro distinto, podrá modificar estos valores y refinar el concepto. Por ejemplo, si ve perros de color negro, podrá ajustar dicha dimensión incrementando su valor. Al final, el concepto PERRO se podrá asociar a todos los objetos que comparten características similares, *perro, perritos, perra, caniche, ...*, bien sea una mascota o un juguete. De igual forma, al comparar distintos vectores (por ejemplo, usando la medida coseno), también podremos concluir que un *perro* es más similar a un *gato* que a un *coche*, por ejemplo.

Estas similitudes son ciertas en el mundo de los conceptos pero, si nos bajamos al mundo de la escritura (el texto), muchas de ellas no se tienen por que mantener al considerar únicamente cómo se escriben, no los conceptos que reprentan.

Podremos comparar `perro` y `perrucho`, e ingeniárnosla para decir que hay cierta similitud (al menos tienen cuatro caracteres en común `perr`, la raíz), pero si comparamos `perro` y `caniche` la similitud será nula.

Por tanto, es natural que para capturar estas similitudes debamos utilizar un esquema similar al que hacemos en el mundo de los conceptos, esto es, representar las palabras mediante un vector[4]. Y, ¿cómo podemos extraer la semántica asociada a una palabra a partir únicamente del texto escrito? La respuesta puede ser simple, basándonos en el contexto: las palabras que aparecen en contextos similares suelen tener significados similares. Por ejemplo, `perro` y `gato` pueden aparecer en documentos relacionados con mascotas, mientras que `moto` y `coche` son más comunes en documentos relacionados con la mecánica o transportes. No obstante, también es posible que todas ellas estén relacionadas, ya que pueden aparecer juntas en contextos relacionados con el juego.

Este razonamiento nos puede dar pistas sobre una posible representación vectorial de una palabra, esto es, representamos el significado de una palabra por los documentos que la contienen. Esto implicaría tener tantas dimensiones como documentos existan en la colección, y en cada dimensión almacenaremos la importancia de la palabra en el documento (medida con TF o TF-IDF). Esta representación tiene varios problemas: el primero, el alto número de dimensiones, del orden de millones en colecciones medianamente grandes, además tendrán muchos ceros (un término no suele estar en todos los documentos, de hecho, hay muchos términos que sólo aparecen en uno o dos de ellos, pudiendo representar un porcentaje alto de la colección). Por otro lado, las dimensiones del vector cambian si aumenta el conjunto de documentos de la colección.

Otra alternativa es utilizar exclusivamente las relaciones entre términos. En este caso, el vector asociado a un término

---

[4]En inglés, la representación vectorial de una palabra se denomina *embedding*.

tendrá tantas dimensiones como términos existan en el vocabulario, como se ilustra en la Tabla 3.5, y el valor asociado a cada dimensión dependerá del número de veces que los dos términos aparezcan simultáneamente en un contexto y del número de veces que aparezcan de forma independiente. El contexto puede ser una frase o una ventana de, por ejemplo, 5 palabras alrededor del término. Para ilustrar esta idea, consideremos la frase

`El coche se averió en el día en que pensábamos viajar.`

Si consideramos como contexto una frase, `coche` y `viajar` sí estarían relacionados, pero no lo estarían si consideramos como contexto una ventana de 5, ya que entre ellas hay 8 palabras de distancia.

Ya sabemos que el contexto nos ayudará a identificar las relaciones entre términos, pero algunos estarán mas relacionados que otros, por lo que tenemos que pensar en una forma de capturar la fuerza de estas relaciones. Para ello, consideraremos que dos términos, por ejemplo, `coche` y `viajar` estarán relacionados positivamente si es mas plausible encontrar el término `coche` al leer el término `viajar` en una frase (contexto) que el encontrar `coche` en una frase elegida al azar. La fuerza será máxima si siempre que aparece un término también aparece el otro. Formalmente, para capturar esta idea se considera la medida de Información Mutua Puntual, IMP, que se define como:

$$IMP(\text{viajar},\text{coche}) = \log \frac{p(\text{viajar, coche})}{p(\text{viajar})p(\text{coche})},$$

siendo $p(\text{viajar},\text{coche})$ la probabilidad de que ocurran los términos de manera conjunta en el contexto y

$p(\text{viajar})p(\text{coche})$ la probabilidad que esperamos que ocurran los mismos en caso de ser independientes[5].

Una vez calculados los valores para las distintas dimensiones, podremos utilizar la medida coseno para definir las similitudes entre términos, donde por ejemplo si vemos la Tabla 3.5 perro, gato, con un valor $coseno(\text{perro, gato})$ = 0.97, serán más similares que perro y bici, con valor $coseno(\text{perro,bici})$ = 0.31. En la tabla se resaltan los términos que mas aportan a la similitud entre perro y gato.

Tabla 3.5: Representación vectorial utilizando relaciones entre términos

	jugar	mascota	animal	mecánico	comer	correr	viajar	⋮
...				...				
perro	0.6	0.7	0.7	0	0.6	0.2	0.01	...
gato	0.4	0.8	0.6	0.01	0.4	0.1	0.01	...
coche	0.5	0.05	0	0.8	0	0.5	0.9	...
bici	0.6	0	0	0.5	0	0.8	0.6	...
...				...				

En cualquier caso, hablamos de vectores de muy alta dimensionalidad, en muchos casos con valores nulos. Existe otra técnica para poder aprender estos vectores, pero reduciendo las dimensiones en torno a 100 o 1000, dando además como resultado vectores densos. A esta técnica se la conoce como *Word2Vec*[6] y aprende representaciones vectoriales densas de palabras, capturando relaciones semánticas y sintácticas en un espacio vectorial, aunque los conceptos asociados a cada una

---

[5] En los casos en que los valores sean negativos se suele utilizar el valor cero para indicar que ambos términos no están relacionados.

[6] Desarrollado por Tomas Mikolov y su equipo en Google en 2013, aparece por primera vez en el trabajo *Efficient Estimation of Word Representations in Vector Space* presentado en el *International Conference on Learning Representations*, ICLR.

de las dimensiones no tengan una interpretación clara. Sin embargo, su uso permite alcanzar un mejor rendimiento en distintas tareas de PLN como búsqueda semántica, traducción automática y análisis de sentimientos.

Sin entrar en muchos detalles sobre cómo se calculan, los pesos se obtienen entrenando una red neuronal[7]. Este proceso consiste en ajustar los valores numéricos que determinan la relación entre palabras, optimizando así las predicciones del modelo.

En términos prácticos, el modelo se entrena para predecir si una palabra determinada, como `perro`, es probable que aparezca cerca de otra, como `mascota`. Si en numerosos textos estas palabras suelen encontrarse en contextos similares, el modelo refuerza los pesos que han llevado a dicha predicción, ajustándolos progresivamente a medida que se procesan más datos. Al finalizar el entrenamiento, la red neuronal habrá aprendido una representación numérica para cada palabra, donde los pesos que mejor predicen su aparición en determinados contextos serán los que finalmente se utilicen.

Para entrenar estos modelos, además de la colección textual (una vez preprocesada), debemos dar como parámetros la dimensión del vector que queremos como salida y el tamaño de la ventana de texto a considerar. Una vez aprendidos los vectores, podemos hacer consultas como cuáles son los términos mas similares a uno dado. Por ejemplo, si consideramos como entrada las obras de Vicente Blasco Ibáñez, un tamaño de vector de 100 y una ventana de 10, los términos mas similares a las palabras `teatro` son `actuar`, `scala`, `opera`, que nos pueden parecer razonables.

Además de calcular similitudes, lo que parece sorprendente es que se pueden realizar operaciones algebraicas (suma y

---

[7]El lector interesado puede consultar el libro de esta colección *Inteligencia Artificial para aprendices, escolares, noveles, principiantes y público en general*. Editorial Universidad de Granada, 2024, escrito por José L. Verdegay.

resta) sobre vectores, y que éstas tienen sentido. Por ejemplo, el modelo es capaz de aprender que la relación entre Madrid y España es similar a la relación entre París y Francia. Así, si al vector que representa `Madrid` le resto el vector `España` y le sumo el vector de `Francia`, entonces el vector resultante mas similar es `París`

`Madrid - España + Francia = París`

Por tanto, podemos utilizar estos vectores para la detección de analogías, como en:

`Rey - Hombre + Mujer = Reina`

o la detección de número, como en:

`gato - gatos + perros = perro.`

Word2Vec marcó un punto de inflexión en el PLN y sigue siendo útil en muchos casos donde se requiere un modelo rápido y eficiente para representar palabras en un espacio semántico. En cualquier caso, las relaciones aprendidas con Word2Vec pueden ser peligrosas porque reflejan los sesgos presentes en los datos de entrenamiento. Como Word2Vec aprende a partir de colecciones de texto sin supervisión, puede absorber estereotipos, prejuicios y asociaciones problemáticas.

Por ejemplo, si consideramos las obras de Blasco Ibáñez, los términos mas similares a `campo` son `cortijo, inculto, jornalero`, respectivamente. Esto implica que en dichas obras, `campo` e `inculto` están relacionados (bueno, solo podemos decir que aparecen de forma cercana en los datos). Otros sesgos que se pueden aprender cuando consideramos grandes cantidades de datos son el de género o el racial, como en:

`médico  hombro + mujor = enfermera`

`violencia + musulman = terrorismo`

Estos sesgos pueden ser peligrosos si se utilizan herramientas para procesos de selección de personal, sistemas de diálogos, etc. En cualquier caso, existen estrategias de aprendizaje que pueden detectar y eliminar estos sesgos.

Aunque Word2Vec marcó un hito en el PLN al representar palabras como vectores en un espacio semántico, su enfoque basado en vectores estáticos presentaba limitaciones, ya que cada palabra tenía un único vector independientemente del contexto en el que apareciera. Para superar esta restricción, surgieron modelos más avanzados que utilizan la tecnología *Transformers*[8] (ver el Capítulo 6 de este libro), que genera vectores dinámicos, capaces de ajustar el significado de una palabra según su contexto en la oración. La forma en que se entrenan estos modelos permite capturar dependencias a largo plazo y significados más complejos.

De forma similar a Word2Vec, estos modelos se entrenan para predecir, pero en este caso tratan de adivinar cuál es la palabra que puede completar un contexto dado.

Por ejemplo, pensemos qué palabra puede sustituir a xxxx, la palabra oculta, en esta frase:

`El coche se averió en el xxxx en que pensábamos viajar.`

Si consideramos una ventana de ± 2 palabras para definir el contexto (2 antes y 2 detrás de xxxx),

```
en el xxxx en que
```

el modelo dará mayor probabilidad a términos como `lugar`, `momento`, `instante`, `caso` y poca probabilidad a términos como `juego`, `perro`, `comer`. Pero si abrimos la ventana a ± 4 palabras,

```
se averió en el xxxx en que pensábamos viajar
```

---

[8] Aparece por primera vez en el trabajo *Attention is all you need*, publicado por Ashish Vaswani y colaboradores dentro del equipo de Google Brain en 2017 en la 31st Conference on Neural Information Processing Systems (NIPS 2017). Se ha convertivo en uno de los trabajos mas importantes dentro del área del Aprendizaje Profundo.

los términos mas posibles serán `momento`, `instante` o `día`, donde la probabilidades de `caso` y `lugar` se verán reducidas considerablemente.

Otra de las ventajas de estos modelos frente a Word2Vec es que permiten que la representación de un término (su vector) varíe dependiendo de la oración en la que aparece. Por ejemplo, en Word2Vec, la palabra `banco` tiene un único vector, sin diferenciar si se refiere a una entidad financiera o a un asiento en un parque. En cambio, la tecnología *Transformers* ajustará su representación según el contexto en el que se encuentre la palabra, logrando así una mejor comprensión del significado en distintas situaciones. Por ejemplo, en la frase '`Está sentada en el banco del parque`', el vector que representa a `banco` estará mas cercano al concepto de PARQUE que en la frase '`Saqué dinero del banco`', que estará mas cercano al concepto DINERO.

Esta transición de representaciones estáticas a contextuales permitió una comprensión más profunda del lenguaje, mejorando significativamente tareas como la desambiguación semántica y la generación de texto. Los modelos que han tenido más éxito con esta tecnología son BERT (*Bidirectional Encoder Representations from Transformers*), desarrollado por Google AI Language en 2019[9], y variantes como RoBERTa, desarrollado por Facebook AI Research en 2020[10].

Otra diferencia clave es la forma en que se entrenan estos modelos ya que BERT y sus variantes permiten capturar dependencias a largo plazo y significados más complejos. Gracias a esta capacidad, han demostrado un rendimiento superior en tareas de PLN donde el significado de las palabras depende del contexto en el que aparecen.

---

[9] Jacob Devlin et al. *BERT: Pre-training of Deep Bidirectional Transformers for Language Understanding, Proceedings of NAACL-HLT*, 2019.

[10] Yinhan Liu et al. *RoBERTa: A Robustly Optimized BERT Pretraining Approach. International Conference on Learning Representations, ICLR* , 2020

Una vez que tenemos la semántica de los términos, es decir, su representación vectorial, se puede calcular la representación de una frase o párrafo combinando las representaciones vectoriales de las palabras que la forman. La forma más sencilla de hacerlo es promediando los vectores de las palabras, obteniendo un único vector con igual número de dimensiones que la representa. Al convertir oraciones en vectores de longitud fija dentro del mismo espacio de representación que las palabras, se facilita la comparación y el análisis de las oraciones en función de su significado semántico y contexto, siendo útiles en tareas como el análisis de sentimientos, la clasificación de textos, la recuperación de documentos, entre otras.

Capítulo 4

Búsqueda de información

En este capítulo nos centraremos en la tarea de identificar los documentos relevantes a una consulta dada por un usuario. El nombre técnico para este proceso es Recuperación de Información y cada vez que utilicemos motores de búsqueda online como Google, Bing, DuckDuckGo, Baidu o Yandex estamos haciendo uso de este tipo de herramientas. Sin duda podemos decir que es la tarea más habitual que, como usuarios, realizamos dentro de lo que sería el área del PLN. En 2024, se estima que Google procesó aproximadamente 8.5 millones de búsquedas por día, lo que equivale a alrededor de 99,000 consultas por segundo[1].

Si consideramos la cuota de mercado de estos buscadores en España en el año 2023[2] vemos que la posición predominante la copa Google con un 95 % de la misma, seguido a distancia de Bing con un 3 % mientras que DuckDuckGo, con un 0.27 %, es mas residual, pero a su favor tiene que prima la privacidad de los usuarios. En el caso de Baidu copa la cuota de mercado en China, mientras que Yandex lo hace en Rusia.

Aunque la búsqueda web es un ejemplo exitoso de búsqueda de información, no es la única situación en la que utilizamos

---

[1] https://affmaven.com/es/google-search-statistics/
[2] https://es.statista.com

este tipo de tecnologías. Por ejemplo, cuando buscamos dentro de nuestro correo electrónico o buscamos un archivo con cierto contenido en nuestro ordenador. Pero también cuando los investigadores realizan consultas en páginas como PubMed[3] o Scopus[4] para buscar artículos científicos actualizados y de calidad relacionados con una temática, dentro de una empresa para permitir el acceso a documentación interna a sus trabajadores, o incluso para permitir una mejor sugerencia de productos en empresas como Amazon.

En general, en todas estas situaciones el objetivo principal es recuperar los documentos más relevantes en respuesta a una consulta de un usuario realizada en lenguaje natural, como por ejemplo *novela de espías en Múnich*, como ilustra la Figura 4.1. La salida serán los documentos, en el sentido amplio de la palabra. En algunas situaciones un documento será un libro, en otras un artículo científico, en otras un producto y en otras una frase que responda a la pregunta. En este capítulo intentaremos dar un poco de luz a cómo este tipo de buscadores determinan los elementos a recomendar, centrándonos en la parte más cercana al PLN y haciendo algunas simplificaciones para facilitar su comprensión.

4.1 Emparejamiento de documentos y consultas

En los sistemas de recuperación de información, el proceso de emparejamiento entre documentos y consultas se divide en dos etapas fundamentales. La primera se realiza antes de estar disponibles los documentos para la búsqueda (*offline*) y toma como entrada al conjunto de documentos, concretamente su texto plano. A este texto se le aplica un preprocesamiento estándar, como el descrito en el Capítulo 2. Este proceso in-

---

[3]https://pubmed.ncbi.nlm.nih.gov/
[4]https://www.scopus.com/

Figura 4.1: Búsqueda en Google de la consulta *novela de espías en Múnich*

cluye la *tokenización* para extraer las palabras, la conversión a minúsculas, la eliminación de palabras vacías[5] y, en muchos casos, la reducción de los términos a su raíz. Una vez completado este paso, se obtiene una representación vectorial de cada documento, donde los pesos de los términos se calculan siguiendo el esquema TF-IDF, como se explicó en el capítulo anterior.

Aunque la representación vectorial de un documento nos será útil para comprender el proceso, en la práctica, los motores de búsqueda emplean estructuras más eficientes para mejorar el rendimiento, como veremos después.

---

[5]En los sistemas modernos, la eliminación de palabras vacías no siempre se realiza, ya que estas pueden ser necesarias para consultas basadas en frases exactas. Además, el propio IDF ayuda a reducir su impacto en la relevancia del documento.

El mismo preprocesamiento se debe realizar sobre las consultas introducidas por los usuarios. Al final, se comparan los *tokens* que se extraen del documento con los *tokens* que se extraen de la consulta. En este caso, la consulta se representa como un vector disperso, donde la mayoría de los pesos son cero, excepto aquellos que corresponden a los términos presentes en la búsqueda. Un enfoque común es asignarles un peso uniforme (por ejemplo, uno), aunque en algunos casos pueden ponderarse según la importancia relativa de un término en la consulta.

Con la consulta y los documentos representados en el mismo espacio vectorial se puede emplear la medida coseno para medir el grado de similitud entre un documento y la consulta. El sistema ordenará los documentos en función de este valor, mostrando en primer lugar los más relevantes. No obstante, existen otras medidas avanzadas de similitud en la literatura, como BM25 o las basadas en Modelos de Lenguaje, que incorporan ajustes adicionales. A pesar de las diferencias entre estos métodos, todos comparten tres principios fundamentales:

- Se tiene en cuenta la frecuencia del término en el documento: Se considera la cantidad de veces que un término aparece en un documento, pero con un ajuste para evitar que términos muy repetidos dominen la ponderación. En la mayoría de los modelos, la relevancia que se le asigna a un término no crece de manera lineal con su frecuencia. Esto es debido a que, por ejemplo, un término que ocurra 100 veces mas que otro en un documento no significa que el primero sea 100 veces mas significativo. Por ello, en los distintos modelos se aplican técnicas de suavizado para corregir este sesgo, como por ejemplo utilizar el logaritmo de la frecuencia o asignar un valor máximo a esta característica.

- Estadísticas de la colección: Se tiene en cuenta cuán común es un término en todo el conjunto de documentos, ya sea mediante IDF o esquemas probabilísticos más avanzados. Esto evita que palabras demasiado frecuentes, como el o de, influyan en exceso en la comparación.

- Longitud del documento: Se realizan ajustes para evitar que documentos más largos tengan una ventaja artificial en la comparación, ya que tienden a contener más términos en general.

Cuando el volumen de información es muy grande, como ocurre en los motores de búsqueda comerciales, comparar directamente el vector consulta con cada vector documento es inviable en tiempo. Por ejemplo, si una colección contiene un millón de documentos, realizar un millón de cálculos de similitud en cada búsqueda sería extremadamente costoso en el uso de recursos del sistema. Para optimizar este proceso, se utilizan estructuras llamadas índices invertidos, que representan una parte importante de la arquitectura de un Sistema de Recuperación de Información (ver Figura 4.2).

Un índice es una estructura que permite almacenar, para cada término, el conjunto de documentos en los que aparece junto con información adicional sobre su relevancia. Un símil útil es el glosario de un libro, donde cada entrada o palabra clave está asociada a las páginas donde se menciona. En el libro las entradas se encuentran ordenadas alfabéticamente para facilitar su localización por parte de los usuarios. De forma análoga, el índice invertido permite localizar rápidamente los documentos que contienen los términos de la consulta y reducir el número de comparaciones necesarias. Así, en lugar de evaluar todos los documentos, se trabaja solo con un subconjunto reducido (los que contienen los términos de la consulta), lo que mejora significativamente la eficiencia.

El lector avezado podría pensar entonces que para la consulta *novelas de espías en Munich* los términos de y en se encontrarán en la mayoría de los documentos de la colección, lo que llevaría a una comparación innecesaria con una cantidad

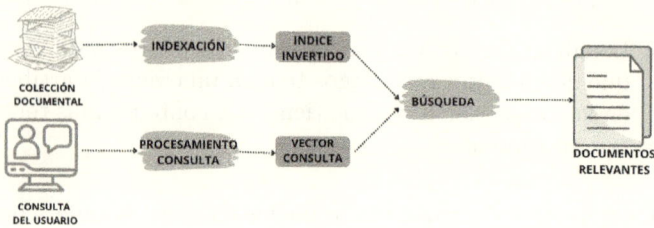

Figura 4.2: Arquitectura de un Sistema de Recuperación de Información. Por un lado se procesa la colección documental para construir el índice invertido y por otro, en la fase de consulta del usuario, esta se procesa para obtener el vector consulta. Los documentos relevantes a la consulta se obtienen al emparejar ambas estructuras.

masiva de textos. Sin embargo, el sistema ya tiene en cuenta esta situación: términos con un IDF muy bajo (cero o cercano a cero) apenas influyen en la relevancia de los documentos, por lo que pueden ser eliminados a la hora de realizar la consulta. Como resultado, la consulta que realmente se procesa es 'novelas espías Múnich', optimizando el proceso y mejorando la calidad de los resultados devueltos.

Gracias a estas técnicas, los motores de búsqueda pueden ofrecer resultados relevantes en fracciones de segundo, optimizando la experiencia del usuario. Desde encontrar información en Google hasta recibir recomendaciones de productos en tiendas en línea como Amazon o incluso sugerencias de películas en plataformas de *streaming*, el emparejamiento eficiente entre consultas y documentos es clave en numerosas aplicaciones.

4.2 Búsqueda semántica

En el caso de la búsqueda tradicional, como acabamos de comentar, la comparación entre documentos y consulta se hace únicamente considerando la existencia de términos (*tokens*[6]) comunes. Por tanto, el usuario debe escribir el término que espera encontrar en el documento. Así, si un usuario quiere comprar un `coche blanco`, podría hacer esta consulta en una página de compraventa de coches. Con esta búsqueda, los documentos que contengan explícitamente el término `coche` y el término `blanco` se posicionarán en los primeros resultados. Sin embargo, si un anuncio usa sinónimos de coche como `automóvil` o `vehículo` o sinónimos del color blanco como `perla` o `marfil`, no se tendrá una coincidencia exacta y el anuncio no aparecerá en los resultados, a pesar de ser conceptualmente relevante.

Los modelos tradicionales intentan solucionar este problema considerando diccionarios de sinónimos, pero esta estrategia tiene limitaciones, ya que no siempre cubre la riqueza semántica del lenguaje. Una solución más avanzada es el uso de representaciones vectoriales densas para modelar tanto las consultas como los documentos. Como hemos visto, podemos aprender la semántica de un término y representarla mediante un vector denso. De esta manera, palabras como `coche,` `vehículo` y `automóvil` tendrán representaciones similares, al igual que `blanco,` `marfil` o `perla`. Entonces, independientemente de los términos utilizados, la consulta que se lance al sistema va a ser muy similar: un vector (o un conjunto de vectores) representando al concepto COCHE BLANCO. Sí, has entendido bien, las consultas son ahora vectores densos que representan semánticamente los términos utilizados por el usuario.

---

[6]Mas precisamente lo que debe de coincidir son los *tokens* que se obtienen tras preprocesar documentos y consultas.

Para que este enfoque funcione, los documentos también deben tener una representación similar. Una estrategia básica consiste en calcular un vector promedio de los términos del documento, pero esta técnica puede hacer que se pierda parte de la semántica, especialmente en documentos largos. Para evitar esto, en lugar de indexar documentos completos, se suelen indexar fragmentos más pequeños, como párrafos o incluso frases. A cada fragmento se le asigna un vector semántico representativo, lo que mejora la precisión de la búsqueda.

El proceso de recuperación de información con vectores densos consiste en comparar la similitud entre el vector de la consulta y los vectores de los documentos indexados. Una métrica comúnmente utilizada es el producto escalar (cuando los vectores están normalizados), aunque también se pueden emplear otras métricas, como la distancia coseno. En el caso de documentos con múltiples fragmentos indexados, la relevancia de un documento se puede calcular considerando la similitud del fragmento más cercano con la consulta.

En los modelos mas potentes, estos vectores son aprendidos del conjunto de datos de entrenamiento utilizando modelos como BERT y sus variantes. En estos modelos no se promedian los vectores de los términos, sino que generan directamente representaciones contextuales mas ricas, que se aprenden a partir de grandes conjuntos de entrenamiento. Con ello, logramos una mejor representación de documentos y consultas. Esto es especialmente útil en tareas como la búsqueda de respuestas a preguntas específicas, donde el significado de una consulta no puede ser capturado simplemente con la coincidencia de términos.

Uno de los desafíos de este enfoque es el costo computacional. Comparar cada consulta con todos los vectores indexados puede ser costoso, por lo que se han desarrollado métodos de búsqueda aproximada que permiten encontrar un subconjunto relevante de documentos sin necesidad de comparar exhaustivamente con todos. Con todo ello se consigue que los resultados de búsqueda no dependan únicamente de la coincidencia de palabras exactas.

4.3 Sistemas de recuperación de información colaborativa

Sin estos métodos, sería difícil concebir la forma en la que accedemos a la información en la vida cotidiana, como ocurre con la navegación web. Sin embargo, hasta ahora hemos asumido que la relevancia de un documento en relación con una consulta depende únicamente de su contenido. En la práctica, esto no siempre es así, ya que existen otros factores que también influyen en la determinación de la relevancia. Entre ellos, algunos se basan en el comportamiento e interacción de los usuarios con el sistema de búsqueda.

En este sentido, los sistemas de búsqueda de información no funcionan de manera aislada para cada usuario, sino que pueden beneficiarse de la experiencia colectiva. La búsqueda colaborativa permite mejorar la calidad de los resultados devueltos por el sistema al aprovechar las interacciones previas de múltiples usuarios con documentos similares. Por un lado, la relevancia de los documentos no se determina únicamente por su contenido (este sería el valor devuelto por una medida de similitud), sino también por la valoración que otros usuarios han dado a documentos similares en búsquedas previas. Si un documento ha sido considerado útil en consultas similares, su visibilidad en los resultados aumenta. Este enfoque permite que el sistema se adapte mejor a las necesidades reales de los usuarios. Al mismo tiempo, este método ayuda a filtrar la información irrelevante o de menor calidad, ya que los documentos menos valorados pierden peso en la clasificación final, por lo que se relegan a posiciones más bajas y, por tanto, no aparecen en las primeras páginas de búsqueda.

Si consideramos el caso de búsqueda web, donde los documentos están interconectados, podemos dar mayor relevancia a aquellos documentos que son más referenciados (con un mayor número de documentos que los enlazan, y si estos son de calidad, mejor). Así, cuando un usuario, al escribir un documento, incluye un enlace o referencia hacia otro documento, podemos considerar que le da un voto de calidad a este último. Considerar en conjunto estos enfoques hace que los sistemas de búsqueda sean más precisos y útiles para el usuario.

De forma similar, podemos encontrar recomendaciones colaborativas cuando introducimos una consulta en un buscador. En este caso, el sistema puede sugerir términos más adecuados o reformular la búsqueda basándose en patrones detectados en consultas anteriores; por ejemplo, en la Figura 4.3 se presenta una captura de pantalla del buscador Google cuando el usuario introduce *espias en mun* en la caja de consulta. El sistema parece interpretar las intenciones de búsqueda del usuario y le recomienda consultas relacionadas. Esto no solo facilita encontrar la información deseada, sino que también reduce el esfuerzo del usuario al ofrecerle mejores opciones desde el inicio.

Google introdujo este servicio en 2004 y se estima que reduce hasta en un 25 % la necesidad de escribir términos completos en la caja de búsqueda. Si se consideran todas las búsquedas realizadas diariamente en el mundo, se calcula que la comunidad de usuarios ahorra alrededor de 200 años de tiempo de escritura cada día. La clave de este modelo radica en su capacidad para predecir consultas basándose en consultas previas. Google cuenta con una amplia colección de consultas recopiladas de los millones de usuarios que utilizan su buscador a diario, lo que le permite que sea suficientemente representativa de las intenciones de búsqueda de los mismos.

Cada consulta se trata como un documento independiente que es procesado, pero en lugar de considerar solo palabras completas como atributos o *tokens* (las dimensiones del vec-

Figura 4.3: Búsqueda colaborativa

Q espias Mun

Q espias **del** mundo
Q espias **segunda guerra mundial**
Q espias **primera guerra mundial**
Q **frankie muniz espias**
Q espias **segunda guerra mundial peliculas**
Q espias **ii guerra mundial**
Q espias **mujeres**

tor), también se consideran fragmentos parciales, como prefijos de longitud dos, tres, cuatro, etc. Por ejemplo, si considerásemos prefijos de longitud tres o mayor, la primera sugerencia de la consulta, esto es, *espias del mundo* se podría *tokenizar* como:

esp espi espia espias del mun mund mundo

Por tanto, el vector que representa a cada consulta contendrá tanto las palabras de la consulta como también un conjunto de prefijos de los términos de la misma[7].

Cada vez que un usuario escribe un carácter en la barra de búsqueda, el sistema compara la consulta parcial con su colección de consultas anteriores y recupera automáticamente predicciones completas (esto es, las consultas originales) que coinciden con los términos o caracteres introducidos. Estas predicciones se ordenan según su relevancia, para lo cual se tendrán en cuenta los pesos asignados a los *tokens* en función do la frecuencia con la que los usuarios los han utilizado en búsquedas anteriores. Sin embargo, la frecuencia no es el único criterio utilizado para determinar las sugerencias. Google también considera otros factores adicionales, como la popularidad

---

[7]Internamente no se almacena estrictamente como un vector, pero esta idea a ayuda a entender el modelo

de ciertas búsquedas que son tendencia en un momento determinado, el historial de búsqueda del propio usuario e incluso su ubicación geográfica. Estos elementos permiten que las predicciones sean más contextuales y personalizadas, mejorando su experiencia de búsqueda.

Para concluir, indicar que un sistema de búsqueda colaborativa puede ser susceptible a sesgos e influencias externas debido a la interacción y comportamiento de los usuarios, quienes pueden alterar considerablemente la búsqueda. Esto puede ocurrir, por ejemplo, cuando un gran número de usuarios interactúa repetidamente con ciertos documentos, haciendo que estos parezcan más relevantes de lo que realmente son. Además, existe el riesgo de manipulación intencional, como en el caso de campañas organizadas para posicionar ciertos contenidos o difundir información errónea. Este tipo de situaciones son más frecuentes de lo que podemos imaginar, sobre todo en sectores de gran exposición y trato directo con el cliente como banca, seguros, hostelería, turismo, etc.

Como ejemplo, consideremos el caso de una inmobiliaria para la que cada vez que alguien realizaba una búsqueda en Google tecleando su nombre se incluía *"blanqueo de dinero"* entre los términos mostrados como predicciones de búsqueda[8]. En este caso, el autocompletado en lugar de ser beneficioso, perjudica a la empresa al mostrar términos con connotaciones negativas, lo que puede derivar en una mala reputación online.

---

[8]Caso real resuelto en Juzgado de Primera Instancia e Instrucción Único de Purchena el 18 de Septiembre de 2017 dando la razón a Google frente al criterio de que este tipo de sugerencias lesionaba la reputación de la empresa. La sentencias se basó en que Google no redacta directamente la sugerencia, sino que es un canal que ofrece la información facilitada por otros usuarios, y que las predicciones que aparecen en la función de autocompletar obedecen a procesos puramente mecánicos como hemos visto.

Capítulo 5

Analizando los textos: de documentos a información

En el capítulo anterior, exploramos la búsqueda de información como una de las tareas más comunes en el procesamiento
de texto. En ella, es necesario que un usuario exprese de forma activa sus necesidades a través de consultas. Sin embargo,
existen muchas situaciones en las que el objetivo no es simplemente recuperar documentos relevantes, sino analizar grandes
volúmenes de datos textuales para extraer información útil o
buscar patrones que faciliten su análisis, interpretación y uso.

El conjunto de técnicas diseñadas para abordar este desafío
se conoce como minería de texto, un campo con aplicaciones en
múltiples dominios, como la ciencia de datos, el marketing digital, la salud, el análisis financiero o la seguridad informática,
entre otros. Dentro de la minería de texto se incluyen tareas como la clasificación textual, el análisis de sentimientos, el agrupamiento para identificar relaciones entre datos y el modelado
de temáticas, todas ellas orientadas a extraer conocimiento a
partir de grandes volúmenes de texto. En este capítulo, exploraremos cada una de estas técnicas con mas detalle.

A medida que la cantidad de datos textuales sigue crecien-
do, analizar manualmente su contenido sería lento y poco efi-

ciente; en otras palabras, inviable. Es fácil imaginar situaciones donde la automatización de estas tareas resulta crucial:

- La gestión del correo electrónico por parte de un usuario. Sin herramientas automáticas de filtrado, los usuarios tendrían que dedicar una cantidad considerable de tiempo para separar los mensajes importantes del correo no deseado (spam).

- En el sector empresarial, la clasificación automática de documentos permite, por ejemplo, organizar correos electrónicos y reportes internos según su contenido, facilitando la gestión de la información corporativa.

- También es clave en el análisis de opiniones de los clientes de una empresa, donde los comentarios se pueden clasificar en categorías como satisfacción, quejas o sugerencias.

- En el ámbito periodístico, estas técnicas permiten estructurar y procesar grandes volúmenes de información provenientes de diversas fuentes, permitiendo la detección de noticias duplicadas (o cuasi duplicadas) o sesgos informativos.

- Un sistema de modelado de temas permite analizar miles de artículos y detectar tendencias emergentes en la opinión pública o identificar qué temas dominan la cobertura mediática en un periodo determinado.

5.1 Clasificación textual

La clasificación textual consiste en determinar la categoría a la que pertenece un determinado texto de entrada. El conjunto de categorías posibles viene predefinido de antemano. Por ejemplo, en el caso del ámbito periodístico, podemos considerar categorías como *Deportes*, *Política*, *Viajes*, *Sucesos* o *Publicidad*.

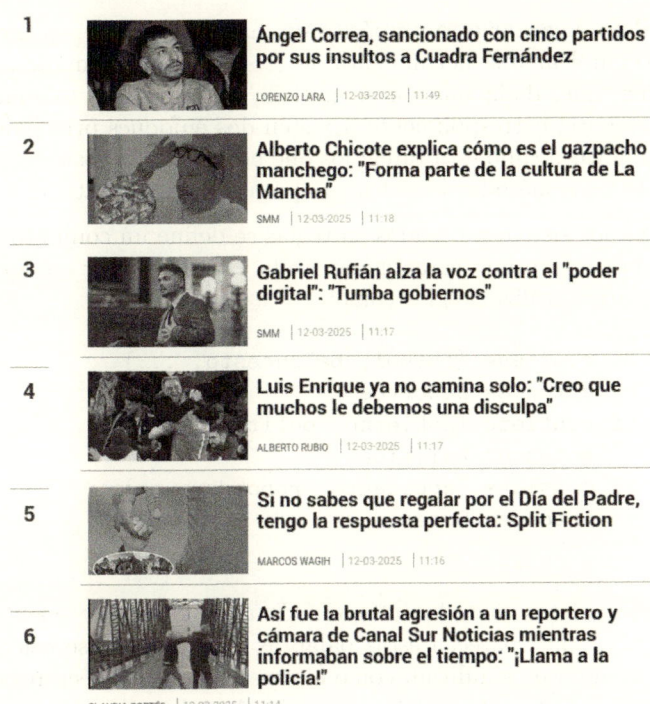

1 Ángel Correa, sancionado con cinco partidos por sus insultos a Cuadra Fernández

LORENZO LARA | 12-03-2025 | 11:49

2 Alberto Chicote explica cómo es el gazpacho manchego: "Forma parte de la cultura de La Mancha"

SMM | 12-03-2025 | 11:18

3 Gabriel Rufián alza la voz contra el "poder digital": "Tumba gobiernos"

SMM | 12-03-2025 | 11:17

4 Luis Enrique ya no camina solo: "Creo que muchos le debemos una disculpa"

ALBERTO RUBIO | 12-03-2025 | 11:17

5 Si no sabes que regalar por el Día del Padre, tengo la respuesta perfecta: Split Fiction

MARCOS WAGIH | 12-03-2025 | 11:16

6 Así fue la brutal agresión a un reportero y cámara de Canal Sur Noticias mientras informaban sobre el tiempo: "¡Llama a la policía!"

CLAUDIA CORTÉS | 12-03-2025 | 11:14

Figura 5.1: Titulares de noticias publicadas en la versión digital del diario Marca el 12 de Marzo de 2025

Al leer los titulares (ver Figura 5.1) de las últimas noticias publicadas en un periódico digital español, todos podríamos estar de acuerdo en que las noticias 1 y 4 se encuentran en la categoría *Deportes*, la noticia 3 en *Política*, la 2 en *Viajes*, la 5 en *Publicidad* y la 6 en *Sucesos*. El periódico podría utilizar esta clasificación para organizar mejor el contenido en su página web, permitiendo una navegación más intuitiva, pero también para filtrar estas noticias a los usuarios interesados en una determinada categoría.

Para alcanzar este propósito de manera eficiente, es necesario emplear una herramienta de clasificación automática de textos, que, dada una nueva noticia, sea capaz de asignarle la categoría correspondiente. Existen dos enfoques principales para llevar a cabo esta tarea: los que usan sistemas basados en reglas y los métodos basados en aprendizaje automático.

En los sistemas basados en reglas se define un conjunto de palabras clave que caracterizan cada categoría. Por ejemplo, podríamos utilizar reglas como:

```
Si contiene {futbol, baloncesto, ...}
   entonces Deportes
Si contiene {gobierno, politico, ...}
   entonces Politica
Si contiene {accidente, robo, ...   }
   entonces Sucesos
...
```

Para determinar la categoría de una noticia, se cuentan las veces que aparecen estas palabras en el texto y se calcula una medida de similitud, como el coseno entre los vectores de términos de la noticia y la categoría. Aunque este enfoque es intuitivo y fácil de interpretar, presenta limitaciones como su rigidez (las reglas deben definirse manualmente y requieren conocimientos especializados) y la dificultad de actualización (si cambian las tendencias o aparecen nuevos términos, las reglas deben modificarse). Además, tienen una menor precisión por su incapacidad para capturar el significado contextual de las palabras, lo que les lleva a errores de clasificación.

En contraste, los modelos de aprendizaje automático identifican patrones en los datos sin necesidad de reglas predefinidas. Para ello, deben entrenarse con un conjunto de datos previamente categorizado. Siguiendo con nuestro ejemplo, necesitamos un conjunto lo suficientemente amplio de noticias cuya categoría ya conozcamos. En algunos casos, estos datos están disponibles dentro de la propia organización; en otros, es necesario obtenerlos de fuentes externas. Una alternativa común es extraerlos de la web mediante técnicas de web *scraping*. Cuantos más datos tengamos, mayor será el conocimiento que podamos extraer de ellos.

En el contexto periodístico, podemos acceder al sitio web de un periódico y descargar un conjunto extenso de noticias de categorías como *Economía, Igualdad* o *Política*. En este caso, las noticias ya vendrían categorizadas. Sin embargo, si no fuera así, tendríamos que asignarles una categoría manualmente o contratar a alguien para hacerlo.

Una vez que contamos con el conjunto de documentos y sus categorías asociadas, y siguiendo la metodología propuesta en el libro *Con-ciencia de datos* de esta misma colección[1], podemos realizar un análisis exploratorio. Esto nos permitirá conocer cuántos documentos hay en cada categoría, analizar estadísticas sobre los términos más relevantes, entre otros aspectos. Dicho análisis contribuirá a comprender mejor el problema a resolver. Para aplicar con garantías estos métodos es necesario tener un número suficientemente grande de documentos para entrenar, del orden de miles de ellos.

El siguiente paso será preprocesar el texto según vimos en el Capítulo 2. El tipo de preproceso que necesitemos dependerá del problema que queramos abordar. Quizás esto requiera un poco más de discusión, pero trataremos de ilustrarlo considerando dos problemas distintos de clasificación documental. El primero, que puede ser la predicción de la temática en la que se encuadra una noticia y, un segundo, que podría ser el predecir quién ha redactado la propia noticia (un problema de identificación de autoría).

En el primer caso, para identificar la temática de un texto, analizamos las palabras resultantes tras eliminar las palabras vacías, ya que su presencia no está relacionada con la cate-

---

[1]Rocío Romero Zaliz. Con-ciencia de datos. Tras las pistas del conocimiento. Editorial Universidad de Granada, Noviembre de 2024

goría del documento. Además, ciertos términos muy frecuentes también pueden descartarse ya que aportan poca información distintiva. De igual forma, las palabras que aparecen en muy pocos documentos no suelen ser descriptivas de la temática. Por ejemplo, los términos `cámara` o `tiempo`, que aparecen en la noticia sexta de la Figura 5.1, no serán muy relevantes para la temática *Sucesos*. También es recomendable reducir las palabras a sus raíces (derivación o lematización).

Sin embargo, cuando nuestro objetivo es predecir el autor de un texto, nos interesaría conservar elementos como los signos de puntuación y las palabras vacías, ya que estos rasgos estilísticos pueden ser determinantes para diferenciar entre autores, más allá del contenido temático del texto. Para este problema también puede ser conveniente quedarnos con la palabra completa (no sólo con la raíz), pues un autor podría escribir en tercera persona, mientras que otro lo podría hacer en primera persona o utilizar unos determinados sufijos mas que otros. Además, se pueden considerar otro tipo de características que se pueden extraer al analizar el texto, como la longitud de las palabras, frases o párrafos, frecuencia del uso de sustantivos, adjetivos, verbos o adverbios.

Como dijimos, no hay una regla clara, lo mejor suele ser probar y ver que pasa. Escoger las mejores estrategias de extracción de características es una componente importante en todo el proceso, y en general varía con la tarea a resolver así como el propio conjunto de datos de entrenamiento que tengamos.

Una vez que tenemos los textos preprocesados, se los podemos pasar como entrada a los distintos modelos de aprendizaje automático. Sin embargo, estos modelos no trabajan directamente sobre la secuencia de *tokens* obtenida tras el preproceso. En su lugar, convierten los textos a una representación vectorial, como se ilustra en la Figura 5.2, donde tanto en la fase de aprendizaje como en la predicción los documentos son re-

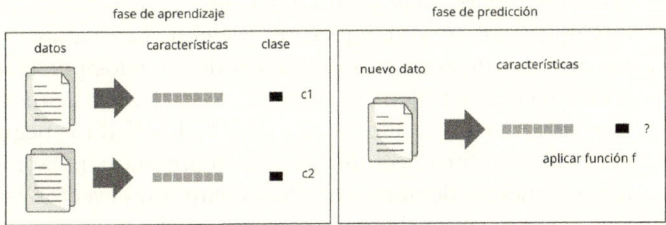

Figura 5.2: Clasificación utilizando vectores para representar los elementos.

presentados mediante vectores con peso que son realmente las entradas de los distintos modelos de aprendizaje.

Como vimos, existen dos enfoques:

- El primero, que considera un documento como una bolsa de palabras, y que es utilizado por los métodos más tradicionales como K-Vecinos Mas Cercanos, *Naïve Bayes*, Máquinas de Vectores Soporte o regresión logística. Para calcular los pesos de estos vectores se pueden considerar distintas alternativas: en el caso de los modelos basados en bolsas de palabras podemos considerar la frecuencia del término en el documento (TF) o la versión que considera la frecuencia del término en la colección (TF-IDF). En estos casos las dimensiones de los vectores coinciden con el tamaño del vocabulario.

- En el segundo enfoque, se utilizan representaciones mas avanzadas mediante vectores densos que permiten capturar el significado de las palabras dentro del texto. Las dimensiones pueden ir desde 768 para los modelos mas simples hasta unos pocos de miles, para los mas avanzados. Estos vectores son los utilizados en modelos como las redes neuronales profundas o los *Transformers* (en el Capítulo 6 se ampliará este modelo). Los valores de los vectores de entrada se obtienen de modelos preentrenados como, por ejemplo, Word2Vec (y sus variantes) o modelos mas avanzados como BERT, RoRERTa. Según el problema estos vectores podrán representar palabras, frases o incluso documentos. Para computar el vector asociado a una sentencia completa (o a un documento completo) se puede utilizar el vector promedio de los vector de las palabras que los componen.

En la fase de predicción, comenzamos con el texto que queremos clasificar, por ejemplo, una nueva noticia. Antes de que el modelo pueda hacer su trabajo, este texto debe pasar por el mismo preprocesamiento que se aplicó durante la fase de entrenamiento. Esto garantiza que los *tokens* obtenidos se representen de la misma manera y puedan emparejarse correctamente. Una vez procesado el texto, se obtiene la representación vectorial correspondiente que será la entrada para el modelo de clasificación. Este analizará sus características y determinará la categoría más probable.

Para entender de manera intuitiva cómo funcionan estos modelos, exploraremos un enfoque sencillo: los K-Vecinos Más Cercanos (*K-Nearest Neighbors*, abreviado como KNN, su sigla en inglés). Este modelo funciona como cuando pedimos consejo a varias personas sobre un tema: en lugar de tomar una decisión por sí solo, el modelo buscará noticias previas similares y consultará cuáles fueron sus categorías. Después, asigna la categoría más frecuente entre los ejemplos más cercanos. Como podemos imaginar, la medida coseno es una de las que se utilizan para calcular los valores de similitud, aunque hay otras.

Una vez que tenemos el modelo, es necesario comprobar su correcto funcionamiento mediante un proceso riguroso de entrenamiento y validación de resultados que permita garantizar la mejor salida posible[2].

Concluiremos diciendo que los métodos basados en aprendizaje automático suelen ser más precisos y adaptables que los sistemas basados en reglas, ya que pueden actualizarse automáticamente con nuevos datos sin intervención humana. Además, los modelos mas avanzados permiten manejar sinónimos, variaciones lingüísticas y contextos complejos, lo que los hace ideales para la clasificación en entornos dinámicos.

5.2 Análisis de opiniones

En la era digital, las redes sociales se han convertido en un espacio donde los usuarios generan un volumen masivo de información textual cada día. Millones de personas publican opiniones, comentarios y experiencias en plataformas como Twitter, Facebook, Instagram o Reddit, abordando temas que van desde política y economía hasta productos y entretenimiento. Por ejemplo, un usuario puede escribir una reseña sobre su última compra, expresar su opinión sobre una película recién estrenada o compartir su postura frente a un tema de actualidad.

Consideremos las reseñas de la Tabla 5.1 sobre la película *Anora* de Sean Baker, ganadora del Oscar a la Mejor Película en el año 2025. De su lectura, podemos intuir la percepción subjetiva de los espectadores, aunque esta no siempre se exprese de manera explícita en cada reseña.

Sin embargo, la identificación y el análisis de estas opiniones implícitas resultan de gran valor para una empresa. No solo les permiten comprender mejor la percepción de sus productos

---

[2]Estudiar estos mecanismos queda fuera del alcance de este libro, por lo que se recomienda al lector interesado consultar otra bibliografía sobre el tema, entre ellos los libros publicados en esta misma colección, TECNOLOGÍAS DE LA INFORMACIÓN Y LA COMUNICACIÓN, de la Editorial Universidad de Granada

y servicios, sino que también pueden utilizarse para segmentar a los clientes y en la toma de decisiones estratégicas. Además, las empresas cuentan con una ventaja clave: los usuarios, al compartir sus experiencias de forma espontánea en redes sociales, proporcionan esta información de manera gratuita, convirtiéndola en un recurso valioso para el análisis de tendencias y preferencias del mercado.

Analizar la información que los usuarios comparten a diario en redes sociales no solo tiene relevancia para el ámbito empresarial, sino que también resulta de gran interés en áreas como la gobernanza, la política, los medios de comunicación, la salud, la psicología o la sociología, entre otras.

Desde esta perspectiva, son muchas la tareas que se pueden abordar, entre las que destacan:

- Análisis de sentimientos. Esta tarea se empezó a abordar con la llegada de la Web 2.0, a principios de los años 2000. El objetivo principal del análisis de sentimientos es identificar la polaridad de un texto, es decir, determinar si la emoción subyacente en el texto es positiva, negativa o neutral. Generalmente, se resuelve como un problema de clasificación, donde el texto se asigna a una de las categorías: positivo, negativo o neutro. Los modelos más eficaces son los basados en aprendizaje automático. Para entrenar estos modelos, se utilizan grandes volúmenes de datos extraídos de la web, como reseñas con valoraciones. Un ejemplo común es la plataforma IMDB[3] donde, además de la reseña en sí, los usuarios califican películas con valores entre 0 y 10. Otra alternativa es considerar la plataforma de viajes Tripadvisor[4], con rangos entre 0 y 5. Estos valores se transforman a etiquetas como positivos, negativos o neutros, lo que proporciona datos valiosos

---

[3]https://www.imdb.com/es-es/
[4]https://www.tripadvisor.es/

Tabla 5.1: Reseñas en IMDB y X de la película *Anora* de Sean Baker, ganadora del Oscar a la Mejor Película en el año 2025.

- El humor es realmente entretenido, con momentos que te harán reír a carcajadas. A pesar de las circunstancias serias, la absurda naturaleza de algunas situaciones logra arrancar risas de manera inesperada.

- Las historias sobre sexo, política y diversidad pueden resultar atractivas para la industria, pero no necesariamente para el público.

- 😭 #Anora. La pobre chica se merecía algo mejor 😔

- Ganas de volver a verla 😭

- Acabo de ver Anora. ¿Cuántos premios #Oscars2025 ganó? ¿Mejor Película? ¿Mejor Actriz? .. Muy predecible

para entrenar los modelos de clasificación de sentimientos.

Los modelos aprendidos pueden utilizarse en los dominios originales, pero también pueden ajustarse para realizar el análisis de sentimientos en otros dominios ya que, en definitiva, aprenden que hace qué una reseña sea positiva, independientemente de si esta es sobre una película o un hotel.

- Análisis de emociones. Es una tarea más específica que se centra en identificar las emociones subyacentes en un texto como la alegría, tristeza, ira, sorpresa, miedo o disgusto. Por ejemplo, una publicación en redes sociales como ¡Estoy tan emocionado por alcanzar mi meta!, podría ser etiquetada con una emoción de *alegría*, mientras que un mensaje que diga Caray, es que no avanzo podría estar asociado con *ira* o *frustración*. Este tipo de análisis tiene aplicaciones en la predicción de comportamientos de consumidores, pero también en el ámbito de la psicología, ya que, por ejemplo, puede ayudar a detectar situaciones de depresión, ansiedad o estrés. Aunque también se aborda como un problema de clasificación textual, el análisis de emociones es más desafiante que el análisis de sentimientos, ya que requiere una mayor comprensión contextual y, además, es más subjetivo. Diferentes personas pueden interpretar y etiquetar una misma emoción de maneras distintas.

- Detección de odio. Esta tarea tiene como objetivo identificar aquellos textos (mensajes) que expresen violencia, discriminación u odio hacia un individuo o grupo específico. Con el auge de las redes sociales, este problema se ha vuelto cada vez más relevante debido a la prevalencia de discursos de odio relacionados con temas como religión, género, inmigración o racismo, entre otros. La detección de odio se aborda comúnmente como un problema de clasificación binaria, donde se determina si un mensaje es de odio o no. También puede tratarse como un clasificador multi-etiqueta, en el que se busca identificar el tipo específico de discurso, como sexista, racista, homofóbico, etc. La implementación de sistemas automáticos de detección de odio puede ayudar a mitigar los efectos negativos de estos discursos y promover un entorno digital más seguro.

Como hemos visto, es normal que abordemos el análisis de opiniones utilizando información proveniente de las redes sociales y aplicando algoritmos de clasificación. Sin embargo, la fase de preproceso requiere de un análisis específico. La forma en que los usuarios escriben en redes sociales se caracteriza por un estilo más informal, directo y a menudo espontáneo, incluye abreviaturas, emojis, jergas, *hashtags* y frases fragmentadas, adaptándose al ritmo rápido de escritura y a la naturaleza coloquial de este tipo de redes.

Entre las estrategias utilizadas para procesar los datos podemos considerar:

- La repetición de caracteres se limita a un máximo de tres. Esto permite que palabras como `geniaaaaaaal` o `geniaaaal` sean idénticos, ya que se transformarían a `esta geniaaal`. Podemos notar que no se busca la forma canónica como `genial` ya que la repetición de caracteres puede representar un superlativo de la misma.

- Los emojis son reemplazados por un texto que representa su significado, por ejemplo 😍 se sustituiría por `emocionado`.

- Las negaciones son un aspecto crucial en el análisis de opiniones, ya que pueden alterar por completo el significado de un texto. Los modelos basados en bolsas de palabras suelen utilizar reglas específicas para ajustar la polaridad. Por ejemplo `El servicio no es bueno` se puede transformar en `El servicio es no_bueno`. Los modelos más avanzados, como BERT, utilizan un contexto mas amplio por lo que pueden gestionar estas situaciones de manera mas simple.

- Normalización de abreviaturas, jergas o errores ortográficos. Por ejemplo `xq`, `no m gusto` o `tb` se convierten en `porque`, `no me gustó` o `también`.

- Las referencias a los usuarios no suelen ser relevantes para el análisis, por lo que se convierten en un único *token*, como `@usuario` o se eliminan directamente.

- Hashtag son reemplazados por un *token* especial, seguido del texto.

- Se suelen eliminar urls, como por ejemplo `https://x.com/AnoraFilm`

Por tanto, para trabajar con datos de redes sociales, que suelen ser de naturaleza informal, con un uso frecuente de abreviaturas, errores y símbolos, es importante llevar a cabo una serie de transformaciones que permitan limpiarlos y normalizarlos. Estas transformaciones ayudan a mejorar la eficacia de los distintos modelos de aprendizaje automático.

5.3   Agrupamiento documental

El agrupamiento documental es una modalidad de aprendizaje no supervisado. Cuando hablamos de PLN, lo normal es que los modelos de agrupamiento tomen como entrada un conjunto de documentos no etiquetados, y basándose en la similitud entre ellos, busquen automáticamente patrones y relaciones entre ellos. Los documentos que comparten los mismos patrones formarán parte del mismo grupo o (en inglés, *cluster*), lo que contribuye a una mejor comprensión del conjunto de documentos, facilitando su organización y accesibilidad.

Podemos visualizar estos modelos como una caja negra[5] que recibe una entrada — el conjunto de documentos junto con el número de grupos deseados — y genera como salida los agrupamientos creados. En la parte izquierda de la Figura 5.3 se muestra el conjunto de documentos original, donde utilizamos colores para representar las distintas temáticas. Como

---

[5] En el contexto del PLN, es crucial elegir un método de agrupamiento que equilibre la calidad del agrupamiento con la complejidad computacional, garantizando así un análisis efectivo y escalable. La elección dependerá de múltiples factores, como las características del conjunto de datos, la escalabilidad, la interpretabilidad y los resultados esperados del agrupamiento.

podemos ver, en este momento no existe ninguna relación entre ellos. Tras utilizar un algoritmo de agrupamiento, en la parte derecha mostramos como los distintos documentos se organizan automáticamente en torno a las temáticas tratadas.

En el capítulo anterior, vimos como un sistema de Recuperación de Información devuelve un conjunto de documentos relevantes a una consulta, ordenados por relevancia. El número de documentos devueltos suele ser grande, cientos e incluso miles, dificultando las tareas de encontrar los documentos que le interesen al usuario. En estas situaciones, donde tenemos que analizar un gran número documentos, el agrupamiento documental se muestra como una solución viable al permitir que el usuario centre su atención en algunos grupos y descartar otros, optimizando la eficiencia en el proceso de búsqueda.

A modo de ejemplo, en la Figura 5.4 mostramos cómo, ante la consulta *Real Madrid*, el motor de búsqueda CarrotSearch[6] agrupa los documentos en conjuntos semánticamente relacionados, proporcionando una visión estructurada y mas intuitiva del contenido disponible. El sistema facilita al usuario centrar su objetivo en el análisis de los documentos dentro de un grupo, por ejemplo, el relacionado con noticias (*Real Madrid News* en inglés) sobre el club de fútbol o, por el contrario, analizar

---

[6]https://search.carrotsearch.com

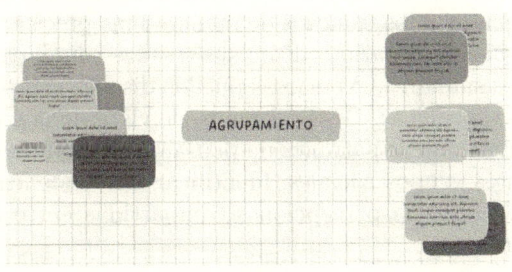

Figura 5.3: Agrupamiento documental.

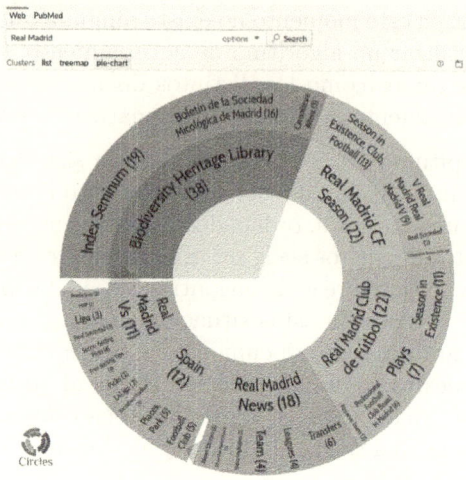

Figura 5.4: Posibles visualizaciones de agrupamientos de los resultados de búsqueda en CarrotSearch. La consulta es: *Real Madrid*

el *Boletín de la Real Sociedad Micológica de Madrid*, si esta hubiese sido originalmente la intención de su consulta.

Cuando los datos de texto provienen del contexto de las redes sociales, donde cada mensaje está vinculado a un usuario, las estrategias de agrupamiento pueden ser igualmente útiles para segmentar a los usuarios de manera más precisa. Al identificar grupos de usuarios que en sus reseñas comparten temas u opiniones similares, las marcas pueden diseñar campañas publicitarias específicas. Desde el punto de vista de la sociología, ayudará a encontrar patrones de pensamiento comunes dentro de diferentes grupos sociales, identificar las tendencias emergentes o incluso las percepciones compartidas entre distintas poblaciones.

Una vez que hemos considerado algunas tareas que el agrupamiento documental puede ayudar a resolver, queremos destacar que, para obtener resultados útiles y comprensibles, es fundamental prestar atención a dos fases clave: el preprocesamiento de los datos y el análisis de los resultados.

- **Preprocesamiento.** En el agrupamiento documental sigue un enfoque similar al empleado en problemas de clasificación de texto que hemos visto anteriormente, por lo que no incidiremos en ello. No obstante, conviene destacar que esta etapa resulta fundamental, ya que un preprocesamiento inadecuado puede afectar de forma significativa la calidad de los agrupamientos obtenidos..

- **Análisis de resultados.** La salida cruda de los modelos de agrupamiento generalmente consiste en una partición de documentos en distintos grupos. Sin embargo, el modelo no proporciona de forma explícita una descripción de las características que definen cada grupo.

  Para interpretar mejor los resultados, es útil realizar un análisis exploratorio de cada grupo. Un enfoque habitual para representar los grupos es utilizar una gráfica de pastel o un mapa de árbol (como en la Figura 5.4), permitiendo representar relaciones jerárquicas dentro de los grupos. En estas visualizaciones, el tamaño de un grupo es proporcional a los elementos que contiene.

  El contenido semántico de los grupos se hace mostrando los términos más representativos, por ejemplo utilizando muy pocos términos como podrían ser *Spain* o *Real Madrid Club de Fútbol* en la Figura 5.4 o mostrando una nube de palabras, donde el tamaño de cada término refleja su relevancia dentro del grupo (ver Figura 5.5). Las palabras seleccionadas suelen ser aquellas que aparecen con mayor frecuencia dentro de un grupo pero que son poco comunes en el resto de grupos, algo similar a TF-IDF. En la figura, el grupo de la izquierda lo componen documentos relacionados con temas de salud, mientras que el grupo de la derecha está relacionado con IA.

 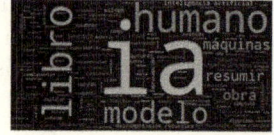

Figura 5.5: Nube de palabras describiendo distintas temáticas.

Este tipo de visualización no solo permite comprender mejor la naturaleza de cada grupo, sino también facilitar la interpretación de los resultados por los usuarios finales.

5.4 Modelado de temáticas

Otra alternativa para analizar un conjunto de documentos de forma no supervisada nos la ofrece el Modelado de Temáticas. En parte, tiene ciertas similitudes con el agrupamiento documental, pero el enfoque está en los temas. El objetivo no es agrupar documentos, sino identificar y extraer las temáticas predominantes dentro del conjunto de datos textuales. A priori, estas temáticas son desconocidas, serán identificadas por el modelo. Por ahora, pensemos que la temática es un concepto abstracto, como puede ser deportes, economía, etc.

Como hemos visto, un documento se suele representar como una bolsa de palabras de alta dimensionalidad (el tamaño del vocabulario, por ejemplo 100.000). El modelado de temáticas nos permite transformar esta representación a un espacio mucho más compacto, el de temáticas (por ejemplo, 500 dimensiones). De esta manera, cada documento se verá como un vector con tantas dimensiones como temáticas, y para cada una almacenará el grado con que el documento aborda esa temática. Por ejemplo, un artículo periodístico puede ser de temática deportiva y, a su vez, económica. En la Figura 5.6 mostramos una posible representación de este artículo en el

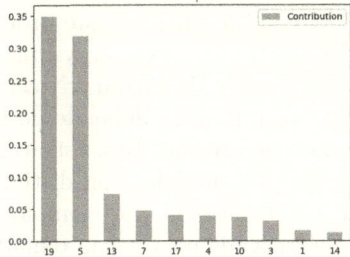

Figura 5.6: Ejemplo de distribución de las temáticas en un documento

mundo de las temáticas (se presentan ordenadas en orden decreciente de probabilidad). En este caso la temática número 19 se corresponde con la deportiva y la temática 5 representa el tema de económica. En consecuencia, el modelado de temáticas resulta una técnica eficaz para reducir la complejidad y el ruido en datos textuales, podemos pasar de miles de dimensiones a unas decenas o pocos cientos de ellas.

El objetivo del modelado de temas es principalmente exploratorio, es decir, los temas no se conocen de antemano, sino que se infieren a partir de los datos, facilitando el descubrimiento y análisis de tendencias en el dominio. La mayoría de los enfoques para el modelado de temáticas tratan los documentos como una bolsa de palabras donde se consideran la importancia de las palabras en el documento (parten de la matriz documento-término). Esto implica que se ignora el orden de las palabras en el documento, y por tanto el contexto. Los modelos tienden a agrupar palabras que coexisten comúnmente dentro de un mismo tema. Como podemos imaginar, las técnicas de preprocesamiento de texto, como la eliminación de palabras vacías o palabras muy poco frecuentes, eliminar derivaciones o lematizar, ayudan a reducir el ruido de la matriz de entrada, lo que facilitará la identificación de los temas latentes.

Uno de los principales desafíos en este proceso es determinar el número óptimo de temas a extraer, ya que este valor debe especificarse como parámetro de entrada. No existe un número universalmente óptimo, pues este depende de la granularidad deseada y del dominio de estudio. Una estrategia común consiste en entrenar múltiples modelos con distintos números de temas y comparar sus resultados, por ejemplo, mediante validación humana o métricas de coherencia temática.

Existen varios métodos para abordar este problema, entre el que destaca la Asignación Latente de Dirichlet, LDA acrónimo de su nombre en inglés *Latent Dirichlet Allocation*. Es un enfoque probabilístico en el que cada documento se representa como una combinación de varias temáticas: concretamente se considera cómo de probable es que el documento trate de cada una de las temáticas. Por otro lado, cada temática se representa a su vez como distribución de probabilidad que mide con qué frecuencia aparece una determinada palabra en el tema. Por ejemplo, la temática deportes podría representarse como

```
futbol:0.4, baloncesto:0.2; banco:0.001;
presupuesto:0.05
```

Las relaciones entre documentos, temáticas y palabras se ilustran en la Figura 5.7

La ventaja que tiene el uso de LDA frente a otras alternativas es que es fácilmente interpretable y generalmente se adapta mejor a grandes colecciones debido a su naturaleza probabilística, que le permite manejar mejor la variabilidad en los datos de texto. LDA aprende tanto la distribución de temas a cada documento como la probabilidad de las palabras dentro de cada tema. Esto último permite identificar las palabras clave dentro de un tema, lo que ayuda a su interpretación. En la mitad inferior de la Figura 5.7 se ilustra esta idea. Una de las desventajas del uso de este modelo es que puede ser computacionalmente costoso.

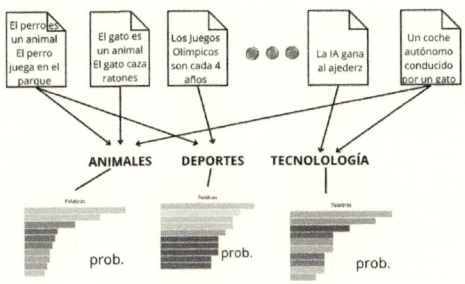

Figura 5.7: Ilustramos como un documento puede pertenecer a distintas temáticas (mitad superior) y cómo una temática se representa como una distribución de probabilidad sobre las palabras (mitad inferior).

Si bien en muchas situaciones la salida de LDA es útil por sí misma, existen aplicaciones en las que se busca una representación más compacta de los documentos, eliminando el ruido. En estos casos, la estructura temática de los documentos puede utilizarse como entrada para algoritmos de clasificación y agrupamiento documental. También se puede utilizar en sistemas de recomendación basados en contenido, donde se recomiendan elementos similares a los que les gustan a un usuario considerando la similitud por temáticas.

Capítulo 6

Generando texto: Modelos de lenguaje

Una de las primeras pruebas para discernir sobre la capacidad de una máquina de tener un comportamiento inteligente fue el Test de Turing, propuesto por el matemático Alan Turing en 1950. La prueba consistía en que un evaluador humano interaccionaba a través de una interfaz de texto con un humano y una máquina. Si el evaluador no era capaz de diferenciar entre humano y máquina, entonces se consideraba que la máquina había pasado el test.

Es interesante destacar que el principal criterio para medir la inteligencia era la capacidad de comunicarse con lenguaje humano. Por tanto, las primeras propuestas que tenían como objetivo pasar el Test de Turing se centraron en crear modelos capaces de imitar el lenguaje, aunque no necesariamente comprendieran lo que realmente decían.

La capacidad de comunicarnos con el lenguaje es una habilidad que hemos aprendido con el tiempo, podemos identificar qué caracteres o palabras pueden completar un texto y cuales no. Además podremos escoger entre las distintas alternativas aquéllas que consideremos más viables. Por ejemplo, si en un texto nos encontramos con la secuencia de caracteres leng, podemos predecir que el siguiente carácter será una u o bien completar la palabra como `lenguaje`, `lengua` o `lenguado`. De manera similar, si vemos una frase incompleta como `En la pescadería he comprado ...` podemos pensar que entre las palabras más probables se encuentran `lenguado` o `merluza`, pero no `periódico` o `charco`. De alguna forma, interiorizamos la idea de que comprar lenguado en la pescadería es más común, más frecuente, más probable, que comprar un periódico. Esta predicción está basada en nuestras observaciones.

Esta tarea, la de predecir cómo completar una secuencia de texto dada, es una de las tareas básicas a las que se tiene que enfrentar un modelo de lenguaje. Para lograr estas predicciones, el modelo de lenguaje debe ser capaz de asignar una probabilidad a cada posible alternativa y, en caso de ser necesario, sugerirá las más probables (una o varias de ellas) de ser correctas.

Un ejemplo de aplicación que utiliza esta idea es el teclado predictivo de un teléfono móvil. Conforme vamos escribiendo un texto (por ejemplo, un mensaje de WhatsApp), estos sistemas pueden anticipar la siguiente palabra o incluso completar frases enteras en función del contexto de la escritura del usuario. Para lograrlo, emplean un modelo de lenguaje base (genérico), pero también tienen la capacidad de aprender y adaptarse a nuestra forma de escribir conforme lo vamos utilizando.

Aprender de los datos textuales y generar texto nuevo basado en las probabilidades aprendidas es la base de numerosas aplicaciones en procesamiento del lenguaje natural, como los sistemas de autocompletado, los asistentes virtuales y la traducción automática. En este capítulo intentaremos explicar cómo se hace.

Formalmente un Modelo de Lenguaje es un modelo computacional que es capaz de replicar el lenguaje natural y, por tanto, generar texto nuevo. Para ello, necesita aprender un conjunto de parámetros a partir de un conjunto de datos de entrenamiento, textos, que le permita predecir la siguiente palabra mas probable en una oración.

Existen varios tipos de modelos de lenguaje, entre los que destacan los modelos basados en reglas y los modelos que utilizan aprendizaje automático.

Los modelos basados en reglas utilizan un conjunto de reglas predefinidas por lingüistas y expertos en el lenguaje para definir la sintaxis y la semántica de un idioma. Estos modelos son más comunes en sistemas antiguos y suelen ser poco efectivos, ya que es complicado capturar todas las reglas de un lenguaje natural de forma exhaustiva. Además, la rigidez de estas reglas hace que los modelos sean menos adaptables a variaciones lingüísticas y nuevas formas de expresión.

Un ejemplo histórico destacable es ELIZA (1966), un programa que simulaba una conversación con un psicoterapeuta mediante reglas simples de reescritura. A pesar de su simplicidad, ELIZA tuvo un impacto significativo en el desarrollo de la IA, al demostrar la viabilidad de la interacción hombre-máquina

Los modelos que utilizan aprendizaje automático analizan grandes volúmenes de texto para identificar patrones ocultos en el lenguaje. A diferencia de los modelos basados en reglas, no requieren una codificación manual exhaustiva, sino que aprenden a partir de los datos. Un aspecto clave en estos modelos es la necesidad de preservar la riqueza del lenguaje durante el preprocesamiento de los datos de entrenamiento. Por ejemplo, palabras como *trabajo* y *trabajabas* representan diferentes tiempos verbales y, por lo tanto, deben tratarse como entidades distintas para capturar correctamente el significado y la estructura del lenguaje.

Dentro de ellos, podemos distinguir dos enfoques principales: Por un lado, los basados en N-gramas, que utilizan técnicas estadísticas para realizar predicciones. Estos modelos son relativamente simples y requieren un número reducido de parámetros, lo que los hace eficientes, aunque limitados en su capacidad para capturar dependencias a largo plazo en el lenguaje. Por otro lado encontramos los Grandes Modelos de Lenguaje o LLMs (*Large Language Models* en inglés), basados en redes neuronales profundas, donde el número de parámetros utilizados es enorme. Por ejemplo, GPT-3 se entrena con 175 billones de parámetros o GPT-4 tiene del orden de 100 trillones de ellos[1]. Su capacidad de procesamiento y generalización es significativamente superior a la de los modelos de N-gramas.

6.1 Modelos de lenguaje basados en N-gramas

En esta sección introduciremos los modelos de lenguaje basados en N-gramas, pero lo primero que haremos será definir lo que es un N-grama. Formalmente, un N-grama es una secuencia de N *tokens* que aparecen consecutivos en un texto. Los *tokens* pueden ser caracteres, partes de palabras o palabras. Podemos hablar de unigramas (1-gramas), bigramas (2-gramas), trigramas (3-gramas), etc. Por ejemplo, en la Tabla 6.1 se presentan los distintos N-gramas de caracteres que se extraen de la palabra `trabajar` y también los N-gramas de palabras extraídos de la frase `Voy a trabajar en casa`.

En un modelo de lenguaje basado en N-gramas, la idea fundamental es que es posible determinar la probabilidad de una secuencia de palabras en un lenguaje, como por ejemplo la frase `Voy a trabajar en casa` en castellano, en función de la frecuencia de los distintos N-gramas que la componen. Se basa en el hecho de que en un idioma esta frecuencia no es uniforme, sino que hay algunos N-gramas que son bastante más comunes que otros y, por tanto, serán útiles para detectar patrones del lenguaje. Por ejemplo, en la Figura 6.1 encontramos las

---

[1]Fuente: https://www.ax-semantics.com/en/blog/gpt-4-and-whats-different-from-gpt-3?_gl=1*evz5lz*_gcl_au*MTE1NTE3NDkxMi4xNzQxQxMjYxMTcx

Tabla 6.1: Ejemplo de N-gramas de caracteres y de palabras

	N-gramas de caracteres
uni	t | r | a | b | a | j | a | r
bi	tr | ra | ab | ba | aj | ja |ar
tri	tra | rab | aba | baj | aja | jar
	N-gramas de palabras
uni	Voy | a | trabajar | en | casa
bi	Voy a | a trabajar | trabajar en | en casa
tri	Voy a trabajar | a trabajar en | trabajar en casa

frecuencias relativas de los unigramas Voy y a junto a las de varios bigramas que las contienen obtenidas de *Google Books Ngram Viewer*[2].

Figura 6.1: Frecuencia relativa de N-gramas en Google Books

2021		2022	
● Voy	0.0032542594%	● a	1.7084676772%
● Voy a	0.0024691191%	● a la	0.2507258983%
● Voy de	0.0000223392%	● a el	0.0001474707%
● Voy en	0.0000242713%	● a un	0.0429978410%
● Voy caminando	0.0000046476%	● a trabajar	0.0031840742%
● Voy solo	0.0000017354%	● a Madrid	0.0007356956%

El Modelo de Lenguaje más simple será el basado en unigramas. En este caso, lo que se tiene es la probabilidad de que cada determinado *token*, un unigram, ocurra en el lenguaje. Para estimar las probabilidades, estos modelos las computan a partir de la frecuencia de aparición de una palabra en el corpus documental completo, por ejemplo, considerando los datos de la Figura 6.1, vemos que la probabilidad de ocurrencia de la

---

[2] *Google Books Ngram Viewer* (https://books.google.com/ngrams/) es un buscador en línea que permite consultar la frecuencia de cualquier N-grama obtenidas a partir de mas de 4 millones de libros en distintos idiomas, entre ellos el español.

palabra **a** es del 1.708 % y la de Voy es de 0.003 % en el corpus de Google Books en castellano.

Con respecto al número de parámetros que tenemos que estimar, las probabilidades, y restringiéndonos únicamente a los vocablos del diccionario de la Real Academia Española[3], este modelo necesitaría aprender 90.000 parámetros (una probabilidad para cada vocablo), aunque son muchos más pues tendríamos que considerar las distintas derivaciones de los mismos[4]. En cualquier caso, la calidad de predicción con estos modelos no es muy útil, pues al no considerar el contexto tienden a generar textos sin sentido e inconexos.

El segundo modelo sería el basado en bigramas. En este caso, el modelo predice la palabra actual t_i en función de la palabra inmediatamente anterior, t_{i-1}, que actúa como contexto. Por ejemplo, dado que en el texto aparece Voy, t_{i-1}, cuál sería la palabra más probable que le puede seguir, t_i. En este caso, considerando los datos de la Figura 6.1 vemos como en castellano es más probable que en una frase contenga el bigrama Voy a que, por ejemplo, el bigrama Voy caminando. En lugar de trabajar directamente estas frecuencias absolutas, el modelo lo hace con las probabilidades condicionadas, como las que se presentan en la Tabla 6.2 donde se muestran con qué probabilidad una palabra determinada puede seguir a Voy (parte superior) y a **a** (parte inferior). Formalmente se representaría como $p(t_i|t_{i-1})$, donde t_{i-1} es el contexto. Este contexto podría no existir, ser vacío, como es el caso de la primera palabra de una frase. En este caso, se denota por $p(t_1| <>)$ y lo que se utiliza es la probabilidad de que una frase empiece con esa palabra.

En este modelo, el número de parámetros a estimar es del orden de millones, en teoría todas las posibles combinaciones de dos palabras que pudiesen aparecer, aunque realmente son

---

[3] https://www.rae.es/

[4] Por ejemplo, sólo en la novela Don Quijote de la Mancha aparecen unos 23.000 términos distintos.

Tabla 6.2: Modelo de bigramas ilustrando las probabilidades de la palabra t_i aparezca después de la palabra t_{i-1}, $p(t_i|t_{i-1})$.

contexto t_{i-1}	actual t_i	prob
Voy	a	0.750
	de	0.017
	en	0.018
	por	0.070
	caminando	0.005
	solo	0.010
	...	...
contexto t_{i-1}	actual t_i	prob
a	la	0.1470
	el	0.0001
	un	0.0252
	trabajar	0.0018
	madrid	0.0004
	mi	0.0134
	...	...

muchas menos ya que no todas las combinaciones son válidas en un idioma.

Una vez aprendido el modelo, las probabilidades, en la fase de predicción se tiene que seleccionar cuál sería la mejor opción para continuar. Si utilizásemos la opción más probable, entonces siempre se completaría la frase como Voy a. Esto haría que los textos generados fuesen muy repetitivos (siempre que aparece voy le seguiría a). Para permitir cierta variabilidad, los modelos suelen seleccionar la siguiente palabra realizando un muestreo aleatorio entre las distintas alternativas[5]. Supongamos que el sistema selecciona el término a. En

---

[5]Para ello, genera un número aleatorio y en función de su valor escoge la siguiente palabra. Para tratar de entenderlo, podemos pensar en una diana donde cada posible palabra tiene un área proporcional a la probabilidad que hemos computado, así el área asignada a a será cinco

este punto, la predicción de la siguiente palabra depende sólo del término a y por tanto, si considerásemos el castellano, lo más probable es que fuese un artículo, un verbo en infinitivo o un sustantivo. El proceso se repetiría hasta finalizar la frase, por lo que podríamos generar frases como Voy a trabajar en coche pero también frases como Voy a Madrid tiene amigos de lenguaje, esta última sin sentido en castellano.

Obviamente, utilizando modelos basados en N-gramas mayores, las predicciones tienen más sentido. Por ejemplo, en un modelo basado en trigramas, donde se utilizan las probabilidades de una palabra considerando como contexto las dos que la preceden $p(t_i|t_{i-1}, t_{i-2})$, sería poco probable que se hubiese generado la frase Voy a Madrid es amigos de lenguaje, ya que en castellano no sería frecuente encontrar la palabra amigos precedida por Madrid tiene. Esto es, la probabilidad $p(\text{amigos}|$ Madrid tiene$)$ sería cero (o muy baja) en el corpus de entrenamiento y, por tanto, no se generaría esta secuencia.

Cuando hay suficientes datos para poder estimar de forma efectiva las probabilidades, se suelen utilizar modelos basados en 3-gramas, 4-gramas y 5-gramas. En la práctica, estos modelos tendrán un gran número de parámetros, lo que nos lleva a necesitar soluciones técnicas efectivas que permitan realizar la fase de aprendizaje así como la de predicción de forma efectiva. También es posible encontrar estos modelos ya computados, como en el caso de *Google Books Ngrams corpus*[6] que tiene 800 billones de *tokens* en distintos idiomas, entre ellos el Español.

Por ejemplo, si consideramos como texto de entrada para aprender el modelo la obra de Federico García Lorca 'Im-

---

veces mayor que el área asignada a por. Entonces, a ciegas, se lanza un dardo sobre la diana y el área sobre la que caiga nos indicará qué palabra tendremos como salida.

[6]Lin, Y., J.B. Michel, E. Aiden Lieberman, J. Orwant, W. Brockman, y S. Petrov. *Syntactic annotations for the Google books NGram corpus.* ACL 2012.

presiones y Paisajes' el texto que se generaría[7] utilizando los siguientes N-gramas es:

- 2-gramas: extraña flecha oyeron pierden, y los ángeles caías roto de sopor infantil y mismo que la miraban sobre llanura, ...

- 4-gramas: el negro y pintores que pasan a la naturaleza. Son sinfonía del órgano monjil, de amor a Silos un lego que llama a ...

- 6-gramas: entornando sus enormes abanicos cubriendo de terciopelo negro de sus llagas y lloran por las noches oyera a los pensamientos de mármol...

Como podemos ver, cuanto mayor es el modelo, mayor es la calidad del texto generado, aunque se necesitarían de muchos más datos de los que le hemos proporcionado para poder entrenar correctamente el modelo.

Una vez que hemos aprendido un modelo de lenguaje, otra de sus aplicaciones es la de evaluar en qué grado una determinada frase ha podido ser generada por dicho modelo. Así, si tuviésemos dos frases candidatas, deberíamos seleccionar aquella cuya estructura sea más coherente según el modelo. De igual forma, si tenemos dos modelos distintos, podremos calcular cuál es el que con mayor probabilidad genera la frase. Pero, ¿cómo medimos si una frase es mejor que otra en este contexto? La idea intuitiva es que cuanto más frecuentes sean los N-gramas que componen una frase en el corpus de entrenamiento, mayor será la probabilidad de que el modelo la considere plausible.

En el caso de un modelo de bigramas, podemos calcular la probabilidad de una frase como el producto de las probabilidades individuales de cada uno de sus bigramas. Así, por ejemplo,

---

[7]En   https://bespoyasov.ru/showcase/text-generator/browser/ puedes jugar con esta aplicación web.

la probabilidad de la frase Voy a trabajar en coche se calcularía como:

$$p(\text{Voy a trabajar en coche}) =$$
$$p(\text{Voy}| <>)p(\text{a}|\text{Voy})p(\text{trabajar}|\text{a})p(\text{en}|\text{trabajar})p(\text{coche}|\text{en}) =$$
$$0.003 \times 0.75 \times 0.0018 \times 0.12 \times 0.015 =$$
$$7.45 \times 10^{-8}$$

Siguiendo esta idea, nuestra creencia de que la frase Voy a Madrid es amigos de lenguaje fuese generada por el modelo basado en trigramas se calcularía como el producto de las probabilidades de cada palabra asumiendo que ya han sido generadas las dos precedentes. Si en nuestro corpus no aparece nunca la cadena Madrid es amigos dicha probabilidad es nula:

$$p(\text{Voy a Madrid es amigos de lenguaje}) =$$
$$p(\text{Voy}| <>)p(\text{a}|\text{Voy})p(\text{Madrid}|\text{Voy a})\ldots p(\text{amigos}|\text{Madrid es})\ldots =$$
$$= 0.003 \times 0.75 \times \ldots \times 0 \times \ldots =$$
$$0$$

Conocer la probabilidad de que una frase haya sido generada por un modelo de lenguaje puede ser útil para abordar algunos problemas relacionados con el procesamiento del lenguaje natural, como el reconocimiento de autoría. Por ejemplo, si recibimos un mensaje de texto sospechoso y tenemos varios posibles autores, podríamos determinar quién lo escribió analizando su estilo de redacción. Para ello, bastaría con entrenar un modelo de lenguaje específico para cada autor utilizando sus textos previos y, posteriormente, calcular la probabilidad de que el mensaje en cuestión haya sido generado por cada modelo. El autor más probable sería aquel cuyo modelo asigne la mayor probabilidad al mensaje recibido. Este enfoque se basa en la idea de que cada escritor tiene un estilo característico reflejado en la elección y frecuencia de sus palabras, lo que se traduce en distribuciones de N-gramas distintivas.

En todos estos casos, estamos asumiendo que en un modelo basado en N-gramas, la probabilidad de generar la siguiente palabra depende únicamente de las n-1 palabras que la preceden, en lugar de toda la secuencia previa. Esta suposición, conocida como Propiedad de Markov[8], permite reducir la complejidad computacional de los modelos de lenguaje, pero a su vez limita la capacidad del modelo para capturar dependencias a largo plazo.

6.2   Grandes modelos de lenguaje, LLM

Los LLM se utilizan para resolver el mismo problema, la predicción de la siguiente palabra en una secuencia, pero en lugar de utilizar criterios estadísticos lo que hacen es aprovecharse de la capacidad de aprendizaje de las redes neuronales profundas.

Las redes neuronales se inspiran en el funcionamiento del cerebro humano, donde las distintas neuronas de una capa se comunican con las de la siguiente capa. En una red neuronal artificial, la información fluye a través de estas conexiones y se ajusta progresivamente mediante un proceso de entrenamiento. Durante este entrenamiento, la red aprende a ajustar los pesos de las conexiones entre neuronas de manera que se optimice la tarea de predicción.

En nuestro contexto, esta tarea es la predicción del siguiente *token* dentro de una secuencia de texto. A diferencia de los modelos tradicionales basados en conteo de palabras o N-gramas, las redes neuronales permiten capturar relaciones más complejas y dependencias a largo plazo en el lenguaje.

---

[8]Capítulo 3 del libro: Daniel Jurafsky y James H. Martin. *Speech and Language Processing: An Introduction to Natural Language Processing, Computational Linguistics, and Speech Recognition, with Language Models.* La versión de agosto de 2025 la podemos descargar de https://web.stanford.edu/~jurafsky/slp3/ed3book_aug25.pdf

Un aspecto clave de estos modelos es que pueden trabajar con un contexto mucho más largo, es decir, el conjunto de palabras previas en la secuencia es mucho mayor, lo que permite una representación mucho más rica del significado.

Por ejemplo, si consideramos la frase

`En Granada, una de las visitas imprescindibles es la ....`

un humano podría pensar que la palabra que mejor completa la frase es `Alhambra`. El elemento que puede llamar la atención sobre esta palabra en concreto, y no otra, lo encontramos al principio de la frase.

Mas aún, podemos imaginar una sentencia como

`El fin de semana pasado viajé a Granada. La verdad que lo pasamos bien toda la familia. La pena es que no pudimos visitar la ....`

De nuevo parece que `Alhambra` es una palabra que podría completar correctamente la frase, pero aquí la situación es más extrema ya que el contexto no se restringe a la frase concreta que queremos completar, sino que lo encontramos en frases anteriores.

En estos casos, un modelo simple basado en frecuencia de palabras podría sugerir términos como `ciudad` o `provincia`, pero también podría sugerir palabras como `página` o `toscana` que no están relacionadas. Sin embargo, un modelo basado en Aprendizaje Profundo con redes neuronales avanzadas, como las Redes Recurrentes o *Transformers*, podrá inferir que la palabra más probable es `Alhambra`, ya que ha aprendido a relacionar el contexto con términos específicos, identificando qué partes del contexto son las que realmente importan en la predicción, en este caso `Granada`.

6.3   Arquitectura transformers

Un avance significativo en los modelos de aprendizaje profundo se produjo con la aparición de la arquitectura *Transformer*, propuesta por primera vez en el trabajo *Attention is All You Need* (2017)[9]. A diferencia de modelos de aprendizaje profundo anteriores, los *Transformers* se basan principalmente en mecanismos de atención gracias a los cuales es posible identificar conexiones entre términos, sin importar su posición en la secuencia de entrada, asignando pesos a las palabras según su relevancia para la tarea específica. Este hecho es lo que le permite mejorar a las redes de neuronas recurrentes, que se centran más en las palabras ubicadas dentro de una determinada ventana.

Inicialmente, la arquitectura *Transformer* fue diseñada para traducción automática. En este contexto, el *Transformer* constaba de varias capas de codificación, *encoder*, que transformaba el texto del idioma origen a una representación vectorial de alto nivel y varias capas de decodificación, *decoder*, que transforma dicha representación al idioma destino. Su eficiencia y capacidad para capturar dependencias a largo plazo en los datos lo han convertido en el modelo de referencia en el PLN.

Detallaremos la arquitectura *Transformer* que se utiliza para el problema de predecir el siguiente *token* en una sentencia, también llamado modelado de lenguaje de izquierda a derecha, en el cual se recibe una secuencia de *tokens* de entrada y se predicen los *tokens* de salida uno por uno, condicionando cada predicción en el contexto previo. Esto es, calcular $p(\text{palabra}|\text{contexto})$ para cada palabra candidata.

---

[9]Vaswani, A. et al. *Attention is all you need*, Advances in Neural Information Processing Systems, NIPS 2017, https://arxiv.org/abs/1706.03762

En una arquitectura *Transformer* existen 3 elementos bien definidos: la codificación de la entrada, el bloque de *Transformers* y la capa de proyección, que pasaremos a detallar.

Capa de Codificación del texto: El texto de entrada se *tokeniza* en unidades mas pequeñas formadas por palabras o partes de palabras. Para ello, se consideran métodos como *Byte Pair Encoding* (BPE) o *WordPiece*, vistos en el Capítulo 2. Estos métodos permiten reducir el tamaño del vocabulario al no almacenar todas las palabras posibles y facilitan el aprendizaje de estructuras morfológicas comunes. A modo ilustrativo, en GPT-2 y GPT-3 el tamaño del vocabulario es de 50.257 *tokens*, mientras que se estima que GPT-4 cuenta con unos 100.000.

Una vez que tenemos los *tokens*, cada uno de ellos se convierte en una representación vectorial numérica (*embbedings*), donde los pesos de estos vectores permiten capturar la semántica de las *tokens*. El tamaño de los vectores es del orden de miles de dimensiones (por ejemplo, 1280 para GPT-2 largo y 12288 para GPT-3). Además, a cada uno de los vectores se le añade información que permite identificar la posición del *token* en la sentencia. Podemos imaginar que se le añade a cada vector un conjunto de valores que codifican su posición. Esto permite que el modelo distinga entre ocurrencias en diferentes posiciones de una misma palabra, asegurando que `lenguaje` en la primera aparición y `lenguaje` en la segunda tengan representaciones ligeramente distintas.

Capa de Bloque de Transformers: Aquí es donde se realiza la mayor parte del trabajo, y consta de múltiples capas, cada una compuesta de un bloque de atención y una red neuronal tipo *perceptrón*, que se apilan unas sobre otras. Por ejemplo, GPT-2 considera 12 capas consecutivas y GPT-Large utiliza hasta 96 capas.

El mecanismo de atención, esencial en la arquitectura, permite al modelo identificar y dar fuerza a las relaciones entre palabras en una oración. Así, dada la frase

`En Granada puedes visitar el palacio Nazarí de la Alhambra y el Mulhacen`

el modelo debe establecer relaciones entre palabras clave: la palabra `palacio` hace que se ponga la atención sobre la palabra `Alhambra` y no `Granada` o `Mulhacen`, de igual forma que `Nazarí` centra nuestra atención también en `Alhambra` y en menor medida en `Granada`.

Después de que el bloque de atención haya procesado la información, entra en acción la red neuronal tipo *perceptrón multicapa*. Su función es la de enriquecer la representación aprendida de forma que se destaquen (dan mas peso a) las características mas útiles para la predicción. A diferencia del bloque de atención, el *perceptrón* procesa los *tokens* de forma independiente, sin considerar sus relaciones contextuales.

Capa de proyección: La última capa de un *Transformer*, conocida como la cabeza de modelado de lenguaje o capa de proyección, es la encargada de convertir las representaciones aprendidas en predicciones concretas. Durante este proceso se asignará a cada estado de salida un valor de probabilidad que representa la afinidad del modelo por ese estado en función del contexto previo. Si consideramos un modelo generativo con el objetivo de predecir el siguiente *token*, entonces el espacio del problema coincide con el número total de *tokens* posibles que el modelo puede generar, esto es, el tamaño del vocabulario.

Una vez que hemos definido la arquitectura *Transformer*, el modelo de lenguaje no existe si no se entrena con datos suficientes para ajustar los pesos de forma que las predicciones se realicen de manera efectiva. En este caso, es necesario utilizar una cantidad ingente de documentos que permitan capturar los patrones ocultos entre términos, que a fin de cuentas son los patrones que existen en el lenguaje natural. En general, los datos de entrenamiento[10]. pueden incluir libros, artículos, páginas web como Wikipedia o código fuente entre otros. No hay que olvidar que el corpus a utilizar depende del idioma que queramos aprender. De igual forma, para crear modelos de lenguajes especializados en ciertos dominios, como por ejemplo el médico, el jurídico o el informático, se necesitan corpus que cubran la terminología y su uso en cada especialidad.

En concreto, el proceso de entrenamiento de un LLM generativo consiste en predecir la siguiente palabra en una secuencia de texo, utilizando como contexto las palabras anteriores. Por esta razón, se les conoce como modelos de lenguaje de "izquierda a derecha". Sin embargo, un aspecto clave es que este proceso de predicción se realiza a todas y cada una de las palabras de millones o incluso billones de frases del corpus de entrenamiento. Es decir, el modelo aprende observando cómo cada palabra se relaciona con su contexto.

Los modelos de gran tamaño generalmente se entrenan llenando por completo la ventana de contexto (por ejemplo, 4096 *tokens* en GPT-4 o 8192 en Llama 3) con texto. El objetivo es minimizar el error en la predicción, es decir, se mide la capacidad del modelo para predecir con precisión la palabra real que aparece en el texto de entrada. Los pesos se ajustan para optimizar dicho objetivo, esto es, priman las predicciones de palabras correctas realizadas.

Una vez aprendidas estas probabilidades podremos abordar la tarea para la que se diseña este modelo de lenguaje, esto es, la generación de texto. Para ello será necesario que, en base a estas probabilidades, podamos seleccionar la mejor palabra para continuar la sentencia.

Una forma sencilla de generar palabras es elegir siempre la palabra más probable dado el contexto. Este método toma

---

[10]El conjunto de datos utilizados para entrenar los distintos modelos lo podemos encontrar en `https://github.com/Mooler0410/LLMsPracticalGuide`

decisiones localmente óptimas, sin considerar si esa elección resultará ser la mejor a largo plazo. En la práctica, este criterio nos lleva a que las palabras elegidas son extremadamente predecibles, el texto resultante suele ser bastante repetitivo. Si el contexto es el mismo, siempre generará exactamente la misma salida. Por lo que en la práctica se prefiere hacer algún tipo de muestreo, como vimos en los modelos basados en N-gramas.

Gracias a esta capacidad de determinar la probabilidades de una palabra dado su contexto, $p(\texttt{palabra}|\texttt{contexto})$, los *Transformers* han revolucionado la generación de texto, facilitando la producción de respuestas fluidas y precisas.

Un modelo de lenguaje ya entrenado puede ser sometido a un proceso de ajuste fino (*fine-tuning* en inglés) para realizar otras tareas más específicas, como la clasificación de documentos o generación de diálogos. La idea es aprovecharse de todo lo aprendido sobre lenguaje y ajustarlo al nuevo contexto. Para ello, será necesario utilizar un corpus específico para la tarea (en su caso, con las anotaciones necesarias). Durante el ajuste se modificarán algunos de los pesos calculados para optimizar las salidas.

Sin embargo, su impacto no se limita a esta tarea. Pronto se descubrió su utilidad en otros campos de la IA, convirtiéndose en una piedra angular del aprendizaje profundo en áreas como el análisis de imágenes, la biología computacional y el modelado de datos secuenciales. Estos modelos, aprendidos con el lenguaje de la biología[11] o la química[12] pueden ser utilizados tras realizar un ajuste fino para la generación de sustancias proteínas o sustancias químicas con propiedades específicas.

---

[11]https://doi.org/10.1007/s00439-021-02411-y
[12]https://arxiv.org/abs/2007.06225

6.4 Guía de grandes modelos de lenguaje

En esta sección, presentamos una guía de los LLMs más importantes en el momento de terminar este texto, destacando sus características clave.

GPT-4

GPT-4.5 es el último lanzamiento de OpenAI[13], compañía detrás de ChatGPT y DALL-E. Se trata de un modelo multimodal, pudiendo aceptar como entradas tanto texto como imágenes. Es capaz de generar contenido altamente coherente, realizar razonamientos avanzados y manejar múltiples idiomas. Se usa ampliamente en aplicaciones como asistentes virtuales, generación de código y análisis de datos.

Según indican, GPT-4.5 fue entrenado en supercomputadoras de Microsoft Azure AI. El resultado es un modelo con un conocimiento más amplio y una comprensión más profunda del mundo, lo que reduce las alucinaciones y mejora su fiabilidad en una amplia variedad de temas.

LLaMA

LLaMA[14] 3 (*Large Language Model Meta AI*) es la última versión del modelo de lenguaje de la compañía Meta basado en la arquitectura *Transformers* con el objetivo de predecir la siguiente palabra de una secuencia. Su arquitectura está enfocada a ofrecer un alto rendimiento con un menor consumo de recursos, haciéndolo mas eficiente que modelos como GPT-4. Sus modelos están disponibles en varios tamaños, desde el de menor peso con 8.000 millones de parámetros hasta el modelo

---

[13]https://openai.com/index/introducing-gpt-4-5/
[14]https://www.llama.com/

más grande, Llama 3.1 405B, con 405.000 millones de paráme-tros, estando disponibles para su uso.

Claude3

Claude 3 es un modelo desarrollado por Anthropic[15], una empresa enfocada en seguridad y alineación de IA. Diseñado para ser más seguro y menos propenso a generar contenido dañino o sesgado, Claude está optimizado para aplicaciones empresariales y entornos sensibles, donde la precisión y la ética en la generación de contenido son prioritarias.

Mixtral

Mistral AI[16] ha desarrollado modelos como Mistral 7B, un modelo ligero de 7 mil millones de parámetros, y Mixtral 8x7B. Este último son 8 modelos en uno, cada modelo especializado en una tarea, pero formando parte de un todo. Para ello, activa solo algunas partes de su arquitectura para mejorar eficiencia en la tarea en concreto a resolver, sin sacrificar rendimiento. Son modelos de código abierto que buscan ofrecer alternativas potentes y eficientes a los modelos cerrados, pudiendo ejecu-tarse en hardware más asequible.

Gemini

Gemini[17] es la familia de modelos más avanzados y versáti-les de Google. Diseñado para competir directamente con GPT-4, los modelos han sido entrenados de manera conjunta con da-tos de imágenes, audio, video y texto. Por lo que destacan por combinar capacidades generalistas sólidas en múltiples modali-dades, junto con un rendimiento de vanguardia en comprensión

---

[15]https://www.anthropic.com/claude
[16]https://mistral.ai/news/mixtral-of-experts
[17]https://gemini.google.com

y razonamiento dentro de cada dominio específico. El modelo permite una fácil integración con el ecosistema de Google, lo que lo hace ideal para tareas como búsqueda avanzada y análisis de datos en documentos. Según indican en Google, la versión más grande, Gemini Ultra, está entre los modelos más exitosos en las distintas pruebas de evaluación.

T5

El modelo T5 (*Text-to-Text Transfer Transformer*[18]), también desarrollado en Google en 2019, es un modelo de lenguaje que busca simplificar el trabajo en PLN. Su idea central es muy sencilla pero poderosa: tratar todas las tareas como un problema de 'texto a texto'. De esta forma, en lugar de entrenar un modelo distinto para cada tarea, T5 usa la misma arquitectura y el mismo principio de entrada-salida.

BERT

BERT (*Bidirectional Encoder Representations from Transformers*[19]) es un modelo de lenguaje basado en la arquitectura Transformer. Fue presentado por Google en 2018 y destaca por su capacidad para capturar el contexto y el significado de las palabras de manera profunda.

A diferencia de los anteriores modelos, BERT no es generativo como GPT; su objetivo principal es la comprensión del texto, no la generación. Así, mientras que los modelos generativos del lenguaje se entrenan para predecir la siguiente palabra en una secuencia, BERT analiza el contexto de una palabra, tanto a la izquierda como a la derecha en la oración, con la intención de predecirla (se mantiene oculta). Esto hace que el modelo sea más adecuado para tareas de comprensión del

---

[18] Versión última `https://github.com/google-research/t5x`
[19] https://arxiv.org/abs/1810.04805

lenguaje como clasificación de textos, respuesta a preguntas y análisis de sentimientos.

RoBERTa (*Robustly Optimized BERT pre-training Approach*[20]) es una versión mejorada de BERT introducida por Facebook AI en 2019. Con algunas mejoras en la fase de entrenamiento y entrenada con un conjunto de datos mucho mayor, supera a BERT en casi todas las tareas de PLN. Eso sí, su uso es más costoso en términos de tiempo y memoria.

En castellano podemos encontrar a RigoBERTa[21], un modelo creado en 2022 por investigadores de la Universidad Autónoma de Madrid con un corpus de aprendizaje en español de más de 130 mil millones de palabras y con resultados comparables a los obtenidos por otros sistemas similares.

Ante tanta variedad de modelos de lenguaje disponibles, la elección entre uno y otro modelo dependerá del caso de uso. Si se busca seguridad y alineación ética, Claude 3 es una opción sólida. Si, por otro lado, se necesita un modelo potente y cerrado, GPT-4 o Gemini 1.5 pueden ser ideales. Para proyectos de código abierto y optimización, Mistral 7B, Mixtral o LLaMA 3 ofrecen mayor flexibilidad. Para problemas que impliquen la compresión del lenguaje, modelos como BERT o RoBERTa pueden ser la opción correcta. Si trabajamos en castellano, RigoBERTa es una buena opción.

Modelos de diálogo: ChatGPT y LaMDA

Un modelo como GPT está diseñado para predecir texto. Herramientas como ChatGPT están configuradas para simular una conversación entre dos interlocutores. Por una parte, los usuarios hacen el papel de uno de ellos. Le preguntamos a ChatGPT sobre una determinada cuestión y ChatGPT se encarga de completar la respuesta. No trata de completar una

---

[20]https://arxiv.org/abs/1907.11692
[21]https://arxiv.org/abs/2205.10233

frase con una palabra, sino de continuarla creando un relato, como el que se muestra en la Figura 6.2. Aunque parezca que ChatGPT entiende la conversación, es capaz de transmitir conocimiento como lo hace al preguntarle qué es un LLM o incluso de expresar sus ideas al responder a la pregunta de si lo considera útil, esto es totalmente falso. En realidad, se limita a predecir palabras una tras otra, pero lo hace considerando una visión amplia de lo que es el contexto.

Figura 6.2: Conversación con ChatGPT

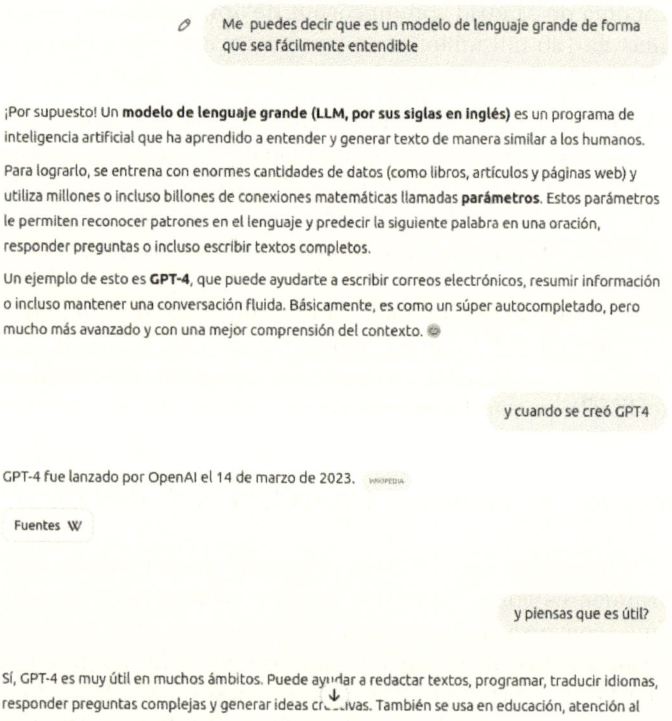

Me puedes decir que es un modelo de lenguaje grande de forma que sea fácilmente entendible

¡Por supuesto! Un **modelo de lenguaje grande (LLM, por sus siglas en inglés)** es un programa de inteligencia artificial que ha aprendido a entender y generar texto de manera similar a los humanos.

Para lograrlo, se entrena con enormes cantidades de datos (como libros, artículos y páginas web) y utiliza millones o incluso billones de conexiones matemáticas llamadas **parámetros**. Estos parámetros le permiten reconocer patrones en el lenguaje y predecir la siguiente palabra en una oración, responder preguntas o incluso escribir textos completos.

Un ejemplo de esto es **GPT-4**, que puede ayudarte a escribir correos electrónicos, resumir información o incluso mantener una conversación fluida. Básicamente, es como un súper autocompletado, pero mucho más avanzado y con una mejor comprensión del contexto. 😊

y cuando se creó GPT4

GPT-4 fue lanzado por OpenAI el 14 de marzo de 2023. WIKIPEDIA

Fuentes W

y piensas que es útil?

Sí, GPT-4 es muy útil en muchos ámbitos. Puede ayudar a redactar textos, programar, traducir idiomas, responder preguntas complejas y generar ideas creativas. También se usa en educación, atención al

Otro modelo de diálogo lo podemos encontrar en LaMDA (*Language Model for Dialogue Applications*). Desarrollado por

Google y diseñado específicamente para mejorar la generación de texto en diálogos entre interlocutores[22]. A diferencia de otros modelos de lenguaje tradicionales, LaMDA se enfoca en generar respuestas más coherentes, abiertas y contextualmente relevantes dentro de un diálogo, permitiendo conversaciones más fluidas y dinámicas.

Según Google, su enfoque permitió que el modelo captara los matices que distinguen una conversación abierta de otras formas de lenguaje. Sin embargo, aunque LaMDA ofrece interacciones avanzadas, enfrenta desafíos como la posibilidad de generar respuestas sesgadas o incorrectas, además de la necesidad de controles éticos para evitar desinformación o contenido dañino.

6.5 Integrando recuperación de información y modelos de lenguaje

Aunque una de las principales aplicaciones de los LLMs sea la generación de respuestas, debemos de tener en cuenta que estos modelos no se diseñan con el fin de proporcionar las respuestas correctas, sino con el fin de construir frases lingüísticamente correctas en el lenguaje (se basan en la probabilidad de que una palabra aparezca en el contexto). Por tanto, nos podremos encontrar con situaciones donde la respuesta dada por el sistema sea incorrecta o desactualizada, probablemente porque los datos con los que ha sido entrenado el modelo no contengan la información exacta. En este caso, el sistema da una salida, muchas veces incoherente desde el punto de vista humano, pero sí factible teniendo en cuenta los datos con los que se ha entrenado. En estas situaciones hablamos de alucinaciones, ya que la relación que une los patrones de nuestras

---

[22]https://research.google/pubs/lamda-language-models-for-dia
log-applications/

preguntas y las respuestas esperadas no se ha aprendido correctamente del conjunto de datos.

Para mitigar esta dependencia de los datos preentrenados, ha surgido la técnica de Generación Aumentada por Recuperación, RAG del inglés *Retrieval-Augmented Generation*, que combina la generación de texto con la Recuperación de Información (RI) en tiempo real.

El uso de RAG aprovecha dos tecnologías. Por un lado, RI ha demostrado su capacidad para recoger, indexar y almacenar nuevos datos casi en tiempo real. Al recibir una consulta, la RI permite acceder rápidamente a los documentos potencialmente relevantes. Los mecanismos de búsqueda en RAG pueden incluir técnicas clásicas, como la búsqueda basada en TF-IDF, o el uso de técnicas más avanzadas basadas en representaciones vectoriales para encontrar documentos semánticamente similares.

Por otro lado, los modelos de lenguaje utilizan la información recuperada como contexto adicional para generar una respuesta de mayor precisión y actualizadas, evitando la generación de alucinaciones. Estos modelos son entrenados para predecir el siguiente *token* en la cadena de respuesta, condicionado por la consulta, el texto previamente generado y los fragmentos recuperados. Además, este enfoque permite justificar las respuestas proporcionando referencias a los documentos utilizados, lo que mejora la transparencia del sistema.

Como ejemplo de aplicación, un sistema RAG permite encontrar respuesta a preguntas del tipo:

`¿Donde se jugó el partido de ayer entre Holanda y España?`

En este caso, RI permite indexar noticias deportivas del día anterior (o el mismo día) sin problemas. Por lo que, ante la pregunta anterior, el sistema busca noticias de prensa relacionadas con la consulta (en el caso concreto de esta pregunta, GPT obtiene extractos de noticias de Diario AS, El Confidencial, Cadena SER, entre otros diarios). Con estos extractos, el modelo es capaz de generar la respuesta de la Figura 6.3, proporcionando el enlace a las fuentes originales para mayor transparencia.

Un beneficio adicional es que la RI puede aplicarse a archivos privados de una empresa, los cuales no necesitan ser parte del entrenamiento de los modelos de LLMs. Estas componentes de información pueden suministrarse al modelo LLM, que también podría ejecutarse en modo local, para que genere la salida más correcta. Así, los datos nunca saldrían de la empresa.

La arquitectura de un sistema RAG consta de los siguientes componentes: el indexador, el motor de recuperación y el modelo de lenguaje. El indexador es el que construye y mantiene un índice de documentos potencialmente relevantes (la colección documental completa). En general no se indexan documentos completos, sino partes de ellos (como párrafos o trozos de 100 palabras). El motor de recuperación permite encontrar los párrafos más relevantes relacionados con la consulta. Finalmente, el modelo de lenguaje genera la respuesta basada en los documentos recuperados.

Estas técnicas RAG se emplean en diversas áreas, como asistentes virtuales, soporte al cliente, donde se utilizan documentos privados de la empresa, o en áreas como la investigación

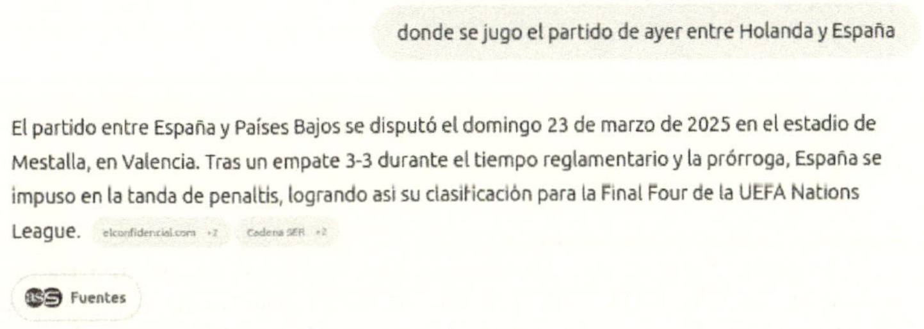

donde se jugo el partido de ayer entre Holanda y España

El partido entre España y Países Bajos se disputó el domingo 23 de marzo de 2025 en el estadio de Mestalla, en Valencia. Tras un empate 3-3 durante el tiempo reglamentario y la prórroga, España se impuso en la tanda de penaltis, logrando así su clasificación para la Final Four de la UEFA Nations League. elconfidencial.com ·2   Cadena SER ·2

Fuentes

Figura 6.3: Generación de respuestas con LLM utilizando RI

académica y la salud, donde es crucial contar con información actualizada.

Para concluir este capítulo, queremos hacer explícito que los LLMs son un tipo específico de modelo de aprendizaje que ha sido entrenado con cantidades masivas de datos de texto (miles de millones de palabras). Los modelos analizan este volumen de datos textuales, haciendo énfasis en el uso de mecanismos de atención que permiten dar importancia al contexto en el que aparece una determinada palabra. Gracias a ello, los modelos pueden identificar patrones y relaciones entre palabras y frases, las cuales pueden ser utilizadas para generar respuestas en lenguaje natural.

Para profundizar más en estos modelos desde un punto de vista profesional, o como usuario final, se puede consultar el trabajo *Harnessing the Power of LLMs in Practice: A Survey on ChatGPT and Beyond*[23], donde se presenta una guía completa y práctica[24] desde el punto de vista de los modelos, los datos y las tareas posteriores.

---

[23] Jingfeng Yang et al., Harnessing the Power of LLMs in Practice: A Survey on ChatGPT and Beyond. ACM Transactions on Knowledge Discovery from Data, 2024, https://doi.org/10.1145/3649506

[24] Una versión más actualizada la podemos encontrar en https://github.com/Mooler0410/LLMsPracticalGuide

Epílogo

A lo largo de este libro, hemos intentado arrojar luz sobre lo que ocurre detrás de los modelos que utilizan el lenguaje para resolver problemas cotidianos. La IA basada en texto está cada vez más presente en nuestras vidas. Estos modelos han evolucionado para ofrecer respuestas más precisas, agilizar tareas y mejorar la interacción con la tecnología, pero a menudo desconocemos el funcionamiento interno de estas herramientas y el impacto que tienen en nuestra experiencia digital.

Existen muchas situaciones en las que el procesamiento de texto juega un papel clave, algunas de las cuales son evidentes para el usuario. Por ejemplo, cuando realizamos una consulta en un motor de búsqueda, podemos intuir que existe un sistema sofisticado que analiza y clasifica millones de documentos para ofrecernos la mejor respuesta. Sin embargo, hay muchos otros casos en los que la intervención de estos modelos pasa desapercibida. Cada vez que publicamos en redes sociales, escribimos correos electrónicos o interactuamos con plataformas en línea, estamos generando datos valiosos que alimentan estos sistemas.

Lo que a menudo no percibimos es hasta qué punto nuestra información es utilizada. Dejamos huellas digitales con cada interacción en la red, y estas pueden ser aprovechadas por empresas y organizaciones para ajustar sus modelos a nuestros intereses y comportamientos. Esto puede traducirse en recomendaciones más acertadas y experiencias personalizadas, pero también conlleva riesgos importantes. Desde la manipulación de la información hasta el sesgo en los algoritmos, la dependencia de estos modelos plantea dilemas éticos y desafíos que aún no están completamente resueltos.

En este libro, hemos preferido centrarnos en los aspectos técnicos y funcionales de estos modelos, dejando a un lado las implicaciones éticas y los problemas de privacidad que conllevan. No obstante, somos conscientes de la relevancia de estos temas y de la necesidad de analizarlos en profundidad. Para ello, recomendamos al lector interesado explorar el libro *Con-Ciencia de Datos* de esta misma colección, donde se abordan estos desafíos con mayor detalle. La tecnología avanza rápidamente, y es fundamental comprender no solo cómo funciona, sino también el impacto que puede tener en nuestra sociedad.

Para concluir, es importante señalar que existen muchos otros problemas en los que el PLN desempeña un papel fundamental, pero que, debido a la extensión de este libro, no han sido abordados en profundidad. Entre ellos, destacan la traducción automática, la generación de resúmenes, el reconocimiento de entidades, la búsqueda de respuestas, los agentes conversacionales y muchos más. Cada una de estas aplicaciones tiene sus propios desafíos y requiere enfoques específicos para lograr resultados óptimos.

Algunas de las técnicas presentadas en este libro pueden utilizarse como base para abordar estos problemas, ya que conceptos como la representación vectorial de palabras, la modelización del contexto y el aprendizaje automático son fundamentales en muchos de estos casos. Sin embargo, en ciertos escenarios es necesario recurrir a técnicas más avanzadas o especializadas. Modelos como BERT, GPT o T5 han revolucionado el campo del PLN al permitir interpretaciones más precisas y generación de texto con una fluidez sorprendente. Asimismo, el uso de arquitecturas *Transformer* ha permitido mejoras significativas en tareas como la traducción automática y la comprensión del lenguaje.

El campo del PLN sigue evolucionando rápidamente, con nuevas investigaciones y avances que amplían continuamente sus aplicaciones. Aunque este libro ha ofrecido una visión general de las técnicas más utilizadas, animamos al lector a seguir explorando y profundizando en esta apasionante área, donde el potencial de la IA y el lenguaje humano se encuentra en constante crecimiento.